创造有意义的工作

本当の仕事

（日）榎本英刚 著
戴逸 王晨燕 译

如何让工作为生命赋能

中华工商联合出版社

图书在版编目（CIP）数据

创造有意义的工作：如何让工作为生命赋能 /（日）榎本英刚著；戴邈，王晨燕译．－－北京：中华工商联合出版社，2020.12
　ISBN 978-7-5158-2881-7

Ⅰ．①创… Ⅱ．①榎… ②戴… ③王… Ⅲ．①职业选择－通俗读物 Ⅳ．① C913.2-49

中国版本图书馆 CIP 数据核字（2020）第 196018 号

"HONTOU NO SHIGOTO JIBUN NI USO WO TUKANAI IKIKATA·HATARAKIKATA" by HIDETAKE ENOMOTO
Copyright © HIDETAKE ENOMOTO 2014
All Rights Reserved.
Original Japanese paperback edition published by JMA Management Center Inc.
This Simplified Chinese Language Edition is published by arrangement with JMA Management Center Inc. through East West Culture & Media Co., Ltd., Tokyo

北京市版权局著作权合同登记号：图字 01-2020-6312

创造有意义的工作：如何让工作为生命赋能

作　　者：（日）榎本英刚
译　　者：戴　邈　王晨燕
出 品 人：李　梁
责任编辑：吴建新
特约编辑：赵大亮
封面设计：张合涛
责任审读：郭敬梅
责任印制：迈致红
出版发行：中华工商联合出版社有限责任公司
印　　刷：北京市毅峰迅捷印刷有限公司
版　　次：2021 年 1 月第 1 版
印　　次：2021 年 1 月第 1 次印刷
开　　本：880mm×1230 mm　1/32
字　　数：122 千字
印　　张：7.75
书　　号：ISBN 978-7-5158-2881-7
定　　价：39.90 元

服务热线：010-58301130-0（前台）
销售热线：010-58302977（网店部）
　　　　　010-58302166（门店部）
　　　　　010-58302837（馆配部、新媒体部）
　　　　　010-58302813（团购部）
地址邮编：北京市西城区西环广场 A 座
　　　　　19-20 层，100044
http://www.chgslcbs.cn
投稿热线：010-58302907（总编室）
投稿邮箱：1621239583@qq.com

工商联版图书
版权所有　盗版必究

凡本社图书出现印装质量问题，请与印务部联系。
联系电话：010-58302915

谨以此书献给赋予我生命和生命意义的
父亲敬一、母亲和子

推荐序一

真实鲜活地活着

那天下午,我刚在深圳做完共创式教练(Co-Active Coaching)体验工作坊,晚上打开电脑想为《创造有意义的工作》中文版的出版写点什么。很多次,我在课上问大家:"你的梦想是什么?"很多人都说希望能够做一些为别人带来价值的事情,但大家似乎又不那么肯定,都在寻找自己的梦想。

我也曾经如此过。大学毕业后,我怀着一颗不安分的心来到深圳,工作两年后感觉不满足,就去德国待了一年多,感觉也不是自己想要的,又回到国内继续探索,这样的过程持续了好多年。现在回过头来看看,感觉自己一直知道什么是我不要的，却不知道什么才是我想要的，或者说我也不知道怎么把自己想要的变成现实。直到10年前我在美国走进共创式教练的课堂，在第一次基础班的课上，我发现一直在外找不到的答案，其实就在我的内心里，一直都在。授课的老师也让我印象深刻，他们如此真实鲜活，让我想成为他们的样子。2012年回国后，我成为共创式教练在中国的第一批老师，从老师到督导再到考官，一直都感恩共创式教练让我找到工作的意义。

其实我对有意义的工作的通俗定义就是那种付出再多也不会觉得累的感受，面对失败也愿意重新再来的韧劲，还有就是活出一种从里到外的真实和笃定。榎本英刚就是把共创式教练引入日本的人，也是共创式教练的元老级老师。2016年，我有幸协助他在中国开展了共创式教练的领导力课程，和他有过很多次近距离接触和学习的机会。印象最深的是在课程结束的时候，他用认真学习的中文唱了一首《感恩的心》，把我们每个人的眼泪都给唱下来了。榎本英刚一直有一个梦想，就是在中日之间架起一座桥梁，为中日友好做点事情。"创造有意义的工作"工作坊源于榎本英刚20多年前的原创，2017年他将这个课程带入中国，我毫不犹豫地参加了两天的工作坊。在课上,我突然惊喜地发现自己绕来绕去,直到全心全意地投身于教练行业的经历,有力验证了榎本英刚在"创造有意义的工作"工作坊里最重要的一个看待工作的视角——工作是探索和表达生命意义。要找到你的热爱、你的纯粹意愿(无理由的喜欢),然后勇敢迈出第一步。因为热爱,所以你就愿意花费时间和精力,就会越来越得心应手,在某个领域中逐步积累口碑,最后一定能够靠热爱养活自己,而且能活得不错(Love—Be good at—Making money)。在这个过程中,如果没有热爱,恐怕很难坚持下来,如果没有不断的教练,恐怕也会被很多"心魔"的声音吞没。我自己就是这样走过来的,身边也有很多朋友走在这条路上,我由衷地想说:找到你的热爱,然后做出简单认真的开始,那是每个人回应世界召唤的最好方式。

我现在 1/3 的时间做共创式教练作, 1/3 的时间做高管个人教练, 1/3 的时间做团队教练, 在忙碌中感恩着这份工作给我的意义。说到团队教练, 我必须提一下榎本英刚的好朋友、团队教练(Team Coaching International)的创始人菲利普·桑德尔(Philip Sandle), 菲利普最早为日本培训了首批共创式教练的老师。特别遗憾的是, 他于 2020 年 4 月离世。在他弥留之际,全世界各国的团队教练在 ZOOM(一种远程会议软件)上和他告别,我们表达最多的就是他带给我们的影响。在 13 岁的时候,菲利普就知道自己想成为一位作家,所以他在第一篇日记中写道:"当人们记住我和爱,我就曾活过。"在他身上,我看到了什么是真正的活着,看到了活在生命意义里的人的样子。

我也是第一批被认证的"创造有意义的工作"工作坊讲师,也会经常带领这个工作坊。我希望能每天更有觉察地活在自己的选择里——真实鲜活地敢恨敢爱,这就是我的生命意义。

冯军

CTI 美国共创式教练学院全球授课导师、督导、考官

TCI 团队教练国际学院全球授课导师

推荐序二

创造有意义的工作,就是活出不后悔的人生

前两天和一位麦肯锡高级合伙人通话,他跟我谈到,他最大的困惑是为什么表面看上去光鲜而有成就,内心却感受不到圆满?这也是我们曾经的困惑。

有一次,美国黑色幽默派代表作家约瑟夫·海勒参加一位对冲基金经理举办的派对,他的朋友告诉他:"这位基金经理一天挣的钱比你一年所有书的稿费加起来还要多。"海勒回答:"但是我有一样东西,他没有——满足。"

绝大多数人奋斗了很多年以后才意识到,在追求外在成功的道路上,我们的关注点都聚焦在满足他人的期待上,在追逐一个一个外在目标的同时,渐渐迷失了自己。设想一下,

◦ 创造有意义的工作

当剥去外在的标签和角色之后,我们到底是什么样的人?作为独一无二的生命体,我来到这个世界上,想要成为什么样的人?我想给世界带来什么样的影响?

《创造有意义的工作》一书中的方法和故事帮助我们认识和相信那个独一无二的自己。鲁米曾说:"相信你自己。旅行能让一些人感到耳目一新,但是有的人待在家里也会有同样的感觉。深山里的孤独感可能对陪伴充满了期待,也可能是另一种极度厌倦。这个人喜欢从事社区工作,那个人喜欢捶打一块烧红的铁块。每个人都被赋予了某种工作和他所有的可以表达为爱的情感。"

《创造有意义的工作》不仅指导我们如何设计自己的工作,也展示了我们如何在工作中达到内心的满足。它让我们思考自己为什么工作,它给了我们清晰的人生指引。一旦掌握了人生的底层逻辑,我们就像在沙漠中旅行的人突然有了指南针一样,终于脱离了焦虑,拥有了踏实回家的感觉。尽管工作中的挑战和困难还会源源不断地袭来,但是我们内心非常清醒笃定,我们知道自己热爱什么,我们明白每个选择背后的原因,我们开始主动谱写自己的人生故事,而不再任由恐惧来驱动自己的生命。

这本书适合于那些遇到职场瓶颈,对工作失去激情,每天度日如年,想转型但又不知道自己想做什么的人;它同样适合于那些知道自己想要什么,但又害怕离开舒适区的人;它更加适合于那些被动离职,想要重新出发的人,适合于在工作中缺乏成就感,对人生感到迷茫的伙伴。简单地说,这本书几乎适合于每一个人,你总能在书中找到一些让自己恍然大悟的语句,找到一些被自己的经历证实的心里话。

这本书通过转换看待工作的四副"眼镜",探寻我们的"纯粹意愿"和生命意义,以及创造有意义的工作的四个步骤,指引我们找到自己内在的热情,找到让自己充满动力的开关。通过这些方法和指引,我们将学会如何探索自己热爱什么、想干什么,如何在做自己想做的事情同时还可以谋生。

这本书提供了一个底层支持系统,让我们有能力更好地用自己热爱的方式做自己热爱的事,活得不纠结,内心更满足。

最后,借用一句电影里的台词,来表达我阅读此书之后的感受。

创造有意义的工作

愿你在被打击时，记住你的珍贵，抵抗恶意。

愿你在迷茫时，坚信你的珍贵。

爱你所爱，行你所行，听从你心，无问西东。

张岩
标普全球中国区前总经理、共创式教练

推荐序三

创造有意义的工作,就是活出内外一致的自己

几个月之前,我看过一个对历史学家许倬云老先生的专访,让我颇为唏嘘。许老提到:"在当今世界上,有一个全球性问题是人找不着目的,找不着人生的意义,于是无所适从。"

在今天这个缺乏意义的时代,对意义的追寻成为每个人心中的一盏灯。

但是,到底什么是意义呢?

第一,由外而内,听从内心的召唤。

10年前,我还在一家世界500强外企工作,因为在工作中找不到动力,我开始很严肃地思考"什么是意义"这个话题。记得那时经常加班到很晚,每天晚上,当我走出灯火

通明的写字楼时，我总是问自己一个问题——到底什么样的工作让我认为值得？为了弄清楚这件事，我开始尝试很多新的工作领域，并在这个过程中重新认识自己。

五年前，在进行了全面的自我探索和尝试后，我的工作有了一次大的转型。我发现，自己人生真正的热情在于推动心灵成长，在于探索如何激发人的无限潜能，如何帮助更多人发现自己的天赋，接纳并超越自己，活出人生真正的价值。

当我走上这条路的时候，我不会再无数次地怀疑自己，也不会彻夜难眠于工作中缺乏动力带来的痛苦，取而代之的是，我开始感受到什么是真正的满足和无条件的热爱。

在这条路上，我很幸运地认识了榎本英刚——我人生中的一位良师益友。在榎本英刚的课堂上、演讲中，还有《创造有意义的工作》这本书中，我开始慢慢相信——意义并不是我们要找寻的一个结果，而是我们要创造的一个过程。

这个过程首先要来自内在，因为除了你自己，没有人会知道你真实的渴望是什么。只有你真实地面对自己的快乐和痛苦，跟从内心的"纯粹意愿"（Genuine Desires），才能创造出属于你的、你认为值得的工作。

第二，由内而外，绽放生命潜力。

当然，意义也不仅仅来自内在。它不仅是我们内在的声音，也是内在世界和外在世界相互碰撞后带来的无限可能——在我看来，这种可能就是生命力本身。

如何让工作焕发出真正的生命力？榎本英刚在书中给出的答案是创造、是连接——转换看待工作的四副"眼镜"，当你可以用更加广阔的视角来看待工作时，你便创造出了属于自己的独一无二的工作。

因为工作不是谋生，更不是忍耐，而是追寻人生真正的激情，探索和实现你的人生意义；你在同一时间也不一定只有一份工作，而是可以创造出一种新的组合、新的形态，你完全可以赋予工作以新的意义和可能性。

第三，创造有意义的工作就是活出内外一致的自己。

创造有意义的工作，这看似是一条少有人走的路，却也是实现丰盛人生的必经之路。毫不夸张地说，人类已经进入了真正开始追寻意义的时代（Purpose Age）。

令人欣喜的是，《创造有意义的工作》不仅教会我们如何理解意义，更重要的是，它帮助我们借由工作——这一我们极为看重的生命活动——来实现自己的人生意义。这让意义一点都不虚无缥缈，而是极为真实可感，因为它不仅关乎

创造有意义的工作

内心的召唤,也关乎你和外在世界的真实连接,以及由此绽放出的关于生命的无限可能。

在我反复阅读这本书的过程中,经常会回想起十几年前乔布斯在斯坦福大学毕业典礼上讲过的一段话。

"你们的时间是有限的,不要浪费在重复别人的生命上。不要被教条所困,不要让别人的意见淹没你自己内心的声音,而是要有勇气追随你的直觉和内心——你的直觉和内心已经知道自己想成为什么样的人,其他一切都是次要的。"

有幸成为榎本英刚的学生,是我人生道路上的一件幸事!他的课程、他的书,还有他一直在创造的事业都点亮了我,让我相信进行自我转变的最好方法就是向内看、向外走——由外而内,跟从内心的召唤;由内而外,探索无限的可能。

愿有缘读到这本书的人,从今往后,不被恐惧驱使,只被爱与意义引领。诚意正心,创造有意义的工作,活出内外一致的自己。

刘佳

管理学博士、优势心理学专家

前言
Preface

写在中文版出版之际

本书中文版得以出版,我内心感到由衷的喜悦,这是我坚持了很长时间的一个梦想,也是我的中国伙伴们的梦想。他们对本书所介绍的理念深表认同,一直与我共同致力于将其在中国推广。

本书所介绍的"创造有意义的工作"的概念,是我在20世纪90年代后期于美国留学时初创的,距今已有20余年的时间。后来我在日本开办了"创造有意义的工作(简称CMW)"工作坊,将其介绍推广。在2017年年初,我得到了在中国开办工作坊的机会,自此之后我以北京和上海为中心,以平均每两个月一次的频率举办培训,后来还接连举办

创造有意义的工作

了两批分别为期半年的认证讲师培训。

目前，工作坊在中国已有 47 名认证讲师，他们在中国各地举办"创造有意义的工作"工作坊活动。首批获得认证的讲师在仅仅一年的时间里已经举办了 70 场工作坊活动，参加人数超过 800 人。这个成绩出乎我的意料，让我颇为惊喜。

为什么中国读者对于"创造有意义的工作"这个理念如此关注呢？如果用一个词来概括，我想应该是"恰逢其时"。在本书的第一章中我也介绍过，这十几年来，我们这个世界正在从"物质时代"向"心灵时代"转变。很多人无法感到快乐的根本原因在于，我们还没有掌握在"心灵时代"应该具备的工作观。时代的转变往往就发生在经济已在某种程度上发展成熟，不能再以过往的模式和速度继续成长的阶段，而中国的一些大城市看起来正处于这样一个阶段。从这个意义上来说，我觉得将"创造有意义的工作"这个理念介绍给中国也是正当其时，所以才会有那么多人对此表示关注。

如果你努力工作，也获得了丰厚的物质回报，但是却并未因此而感到充实，总觉得好像缺了一些什么，或者你身边有越来越多的人产生相似的感受，那么原因不在于工

前　言

作的内容、职场环境，或是薪资条件，原因在于工作观出了问题。而且，即便你换了公司，或者开始自主创业，其根本性问题依然无法得到解决。这就好比一个人生了病，心里却想着换一身衣服就可以变得健康，但实际上换衣服不可能改变身体状态，要想恢复健康，我们需要更为根本的解决对策。这个"更为根本的解决对策"就是我在本书中倡导的"改变工作观"。

工作观变化了，你和工作的关系就会发生改变，会从"被工作剥夺能量的关系"向"从工作中获取能量的关系"进行改变。对于很多人而言，工作占据了人生大部分时间，耗费了人生很多能量。我们是被工作耗能，还是被工作赋能，这对于我们的人生会产生巨大的影响。我之所以希望向世界推广"创造有意义的工作"这个理念，就是期待解放人们那些一直以来被"物质时代"的工作观所剥夺的力量和可能性，让它们成为创造崭新未来的原动力，并且这样的推广活动还可以从中国和日本不断向外拓展，辐射整个亚洲。

出于这个想法，我最近也开始在韩国举办工作坊，并开始认证讲师的培训工作。中韩日三国，在历史、地理、民族和文化层面渊源颇深，而且目前在经济发展转型方面都存在很多挑战。如果能够将三个国家的力量集合在一起，那么肯定能够给世界带来巨大而深远的影响。

亚洲各国人民可以超越国家的界限，通过"创造有意义的工作"这个共同愿景而相互连接，现在这样的变化正在发生，而本书中文版的出版势必成为重要的推动力。我衷心期待拿到这本书的读者，能够对"创造有意义的工作"的理念产生共鸣，并和我们一起参与到将其从亚洲推广到世界的活动中。

榎本英刚

2020 年 2 月

序言
Preface

对于很多人而言，工作的时间虽然在一生中占据了很大的比重，但是对于"工作究竟是什么"这个问题，却很少有机会去刨根问底、深究其义。当然，对于"如何做好自己现在的工作""将来要从事什么样的工作"等问题，大家都会或多或少考虑过，但是恐怕对于"什么是真正的工作"这个问题，却未曾有过思考。

我撰写此书的目的就是为了让平日忙于工作和生活，尽管很想认真思考这个重要而根本的问题，但是苦于没有精力的人们，能一下子停住脚步，重新审视自己和工作的关系。

为了让更多的人能通过工作感受到发自内心的真正喜悦，我也常年举办"创造有意义的工作"——这个名字听起来有些特别的体验式工作坊。迄今为止，已有1000多人次参加过这个工作坊。在和大家的接触中，我发现有太多太多的人想知道"怎样才能充满活力地工作"，但是因为探索方法不当，总是不得其解。

在这个世界上，几乎所有的人都认为能充满活力地工作，其关键在于"从事什么样的工作"，或者"如何完成这份工作"等这些工作中"看得见"的部分。但遗憾的是，照此方向追寻下去是没有答案的。

开启活力之门的真正钥匙实际上是工作中那些"看不见"的部分，也就是"如何看待工作"或者"为什么工作"。

或许，我们很幸运地找到了适合自己的工作，在相当长的一段时间里活力四射，但是如果我们只关注工作中那些"看得见"的部分，随着经济环境的变化、组织体制的变动，或者受人事调整等这些自己无法掌控的外部因素的影响，很可能你手中的这份工作就会被轻易地"抢"走了。

相反，对于那些直面工作中"看不见"的部分，在"应该如何看待工作""为什么要工作"等问题上找到自己答案的人们而言，即便遭遇环境的突变，也不会轻易受到影响。也就是说，工作中那些"看不见"的部分非常关键，不仅可以让我们充满活力地工作，还能让我们有效应对工作变化，并持续生存发展下去。

我在三十岁出头的时候去美国留学，主要研究"人们怎样做才能充满活力地工作"。从儿时起，我就对工作这个话题念念不忘，在赴美留学的两年半时间里，我彻底进行了主题研究，而研究成果就是开办"创造有意义的工作"工作坊。

在这个工作坊里，我们首先聚焦工作中那些"看不见"的部分，通过多种多样的练习和讨论，深度探索自己与工作的关系，探索如何才能让自己充满活力地工作。

在这个基础之上，再去看工作中那些"看得见"的部分，你会发觉自己看待工作的视角已经有所改变。不仅是工作，许多人的人生选项和可选择的领域都会因此变得更加宽广，也发现了以前未曾设想过的人生新可能。

不过，一次工作坊下来，我可以直接接触的参加者最多也就20人左右，我希望让更多的人看到这种可能性。基于这个想法，我以向参加工作坊的人员进行讲述的口吻撰写了此书。

此外，我非常希望读者们能通过阅读此书，体验一下人

◦ 创造有意义的工作

们参加工作坊的感受,在书中加入了"尝试一下"的实践练习,力图让本书的内容更具实操性。因此,我希望大家不仅仅是阅读此书,而且能像参加工作坊一样去实践练习。或许你可以因此找到意想不到的"有意义"的工作。

现在,我们的工作环境日益复杂化。随着全球化的发展,企业经营环境也在不断变化,竞争愈发激烈。以互联网为中心的信息革命快速推进,随之而来的就是要求我们的工作更加高效,更加追求速度。在一些国家中,少子化导致未来劳动力人口剧减,但是在另一方面,在诸多因素的影响下,社会失业率不断攀升,正式员工的雇佣率持续走低。

处于时代剧变之中,如何像冲浪一样在不断变换的浪涛中自由搏击、乘风破浪,而非被浪涛吞噬、无力反抗,此刻我们需要重新思考一下"究竟什么是工作"。这绝不是一件没有意义的事。

"可以继续现在的工作吗?"

"自己也不知道将来想从事什么样的工作。"

"虽然有想做的事情,但从来没有想过它能成为自己的工作。"

序言

对于工作，每个人的疑问与不安都不尽相同。本书虽然不能回答所有的问题，但是我相信一定会对大家有所启发。无论如何，我衷心希望本书能为你开辟前所未有的全新可能而增添一份助力。

榎本英刚

目录 Contents

序 章 追寻"真正的工作"

因为父亲而萌生的对"工作"的疑问 / 003

为了深度探究"工作"而留学 / 005

"正在做的重要的事情"就是工作吗？ / 007

也在支配人生的"工作观" / 008

戴着"四副眼镜"看待工作 / 010

改变我的"创造有意义的工作"的故事 / 012

第一章 生命的意义——为何要以"赚钱"为名义工作

物质时代和心灵时代 / 017

能否相信存在生命的意义？ / 021

因为"赋意"不同而人生截然不同的双胞胎 / 023

不论在地球上还是历史上，你都是独一无二的 / 026

第四波解放已经开始 / 028

第一副眼镜：工作 = 谋生 / 030

工作是探索和表达自己的生命意义 / 034

"首先走出家门吧" / 037

认同感丧失才是失业带来的真正打击 / 039

不断进化的生命意义 / 041

"内在工作"和"外在工作" / 044

▶ 第一章小结 / 046

▶ "冥想引导师"井上先生 / 047

第二章 纯粹意愿——为什么不将"想做的事"变为工作？

想做事的意念从何而来？ / 055

改变我人生的思考 / 057

纯粹意愿不需要理由 / 060

损耗灵魂的意愿与滋养灵魂的意愿 / 062

【尝试一下】 任务① / 065

探索心灵的涌泉 / 066

从纯粹意愿到生命的意义 / 069

第二副"眼镜"：工作 = 忍耐 / 072

"不去做想做之事"才是任性？ / 074

人们不去做"想做之事"的四个理由 / 076

让分母大于分子 / 078

痛苦和悲伤也是纯粹意愿的源泉 / 080

为什么我对"工作"如此执着？／083

【尝试一下】 任务② ／084

通过疗愈自我也可以疗愈他人 ／085

"神"的拼图 ／087

从问题所在之处看见"有意义的工作" ／089

每个人都有应该从事的事业 ／092

【尝试一下】 任务③ ／094

▶第二章小结 ／095

▶"食物设计师"高桥良子 ／097

第三章 创造有意义的工作——如何凭借"想做之事"谋生？

将"想做之事"变成工作的人们 ／105

为何找不到适合自己的工作？ ／107

如何创造"只属于自己的工作"？ ／109

【尝试一下】 任务④ ／111

第三副眼镜：工作＝适应现有的职位 ／112

经济复苏也无法增加就业 ／115

第四副眼镜：工作＝只做一份工作 ／118

活用"出租车工作" ／120

我创造有意义的工作的历程 ／122

关于"职业组合"的想法 ／124

做"想做之事"，钱会随之而至吗？ ／128

这是"神"的安排 / 131

维持生计到底需要多少钱? / 133

相比"做什么"而言,"为什么做"更重要 / 135

有意义的工作是多个工作的有机组合 / 137

【尝试一下】 任务⑤ / 140

▶第三章小结 / 141

▶"静好生活的实践者"加藤大吾先生 / 143

第四章 共鸣行动——创造有意义的工作,从何做起?

所有的现实都存在于理想之中 / 153

伪装"成年人"的代价是什么? / 155

小心"恶魔的窃窃私语" / 156

心理上战胜恐惧的方法 / 158

【尝试一下】 任务⑥ / 160

人们往往想对"纯粹意愿"有所贡献 / 160

惊人的共鸣力量 / 162

【尝试一下】 任务⑦ / 164

"微不足道的信息"也能改变人生 / 165

发现充满世间的共鸣 / 167

以共鸣为指针,先行动起来 / 169

"是孤独扼杀了梦想" / 171

【尝试一下】 任务⑧ / 174

许下承诺,"神"也会感动 / 174

"Give up"吧 / 176

有如神助 / 178

创造有意义的工作的四个步骤 / 181

有意义的工作在不断进化 / 184

▶第四章小结 / 187

▶"生命治疗师"志村季世惠女士 / 189

后　记 / 195

认证导师感言 / 198

序 章

追寻"真正的工作"

序　章　追寻"真正的工作"

因为父亲而萌生的对"工作"的疑问

究竟什么是"工作"呢?

这个问题一直困扰了我很久。

我生平第一次意识到工作这件事是因为父亲。记得小时候父亲在银行任职,每天一早就穿着西装匆匆出门,到傍晚时同样一身打扮归来却面带倦容。不,也许多数时候我已经睡了,连父亲何时回来都不知道。在每天出门上班的时间里,父亲究竟在做什么,我一直不得其解。

我曾直接问过父亲工作上的事,但通常都惹得父亲很不高兴。比如有一次我问道:"您今天的工作怎么样啊?"父亲突然生气地对我大吼:"少啰嗦,真烦人。"当然,他有时也会平心静气地回答,但是在我的印象中却只留下了父亲不甚

创造有意义的工作

开心的模样。

这样的事情经历得多了，渐渐地不知从何时起，我心里觉得询问父亲工作上的事是一大禁忌。而对我而言，工作这件事越来越像一个谜题，让人看不出究竟。

即便是这样，我的心头也一直萦绕着一些疑问：为什么一说到工作的话题，父亲就那么不开心呢？让父亲如此不开心的工作究竟是什么呢？既然不开心，为什么每天还要出门工作呢？年幼的我，因为涉世未深，只能任由这些质朴的问题一直困扰着自己。

"既然这么讨厌工作，不去上班不就行了吗？"当时，我常有这样的念头。

有一次，我问母亲："为什么爸爸每天都要去工作？"母亲答道："大人都需要出去工作的呀。"到现在我都十分清楚地记得，当时我听了母亲这番话以后，汗毛都竖起来了。为何会有这种反应？因为父亲下班回来总是一副疲惫的面容，这让我觉得工作是"吸取人们能量"的恐怖地方，一想到有一天我也终将长大，每天也要不得不去这样一个恐怖的地方，我就抑郁不已。

为了深度探究"工作"而留学

从此之后，对我而言，工作已经不再是与己无关的事了。虽说距离步入社会还为时尚早，在快上小学的时候我就已经开始思考工作的事了，而且越想越不开心。因为前文也说过，通过父亲我窥见到了"工作"的世界，而这个世界毫无魅力可言。说得更直白一些，对于工作，我持全盘否定的态度。

当然我也知道，工作并不会让所有人都感到不悦或是抑郁。事实上，后来我了解到，很多人步入社会后工作起来都充满活力，或许这些人不会像我一样把工作想得那么糟糕。但是另一方面，我也知道的确还有很多人的想法和我一样。因为当我和他们谈起这些经历时，他们往往深有同感，还说他们也是这样想的。

不论如何，恐怕在迄今为止的人生中，大家心中都曾想过"工作是什么"这个问题，至少拿起这本书的读者，你应该是一直心存疑问的。其中，也许有人在年少时就想过这个问题，步入社会工作了几年之后发现"事到如今多想无益"，便不去再想了。

创造有意义的工作

而我即便在步入社会之后，这个疑问也一直没有消失。准确地说，随着自己在工作的世界中一番探索体验之后，心中的疑问反而加深了。终于，在我快30岁的时候，我觉得自己无法带着疑问再走下去，我决定从瑞可丽公司辞职，暂时离开工作的世界。

我认为稍稍远离一下工作，可以帮助我对工作本身，进而对今后的人生多一些理性的思考，于是我在1994年夏天只身一人去了美国。

在美国，我就读于位于旧金山的"加利福尼亚整合研究学院"。这个学院虽然没有太大的名气，但它是由印度哲学家创建的研究生院，对于想深入研究思考性课题的人来说，没有比这里更适合的地方了。那时，我是自费留学，虽然生活上相当拮据，但是身处这样的学习环境中，精神上却非常充实，我用两年半的时间对一直以来困扰自己的有关工作的课题进行了彻底的分析和研究。

自那之后，虽然已经过去了20多年的时间，这本书几乎还是以我留学时的研究成果为基础撰写的。并且，我也绝非纸上谈兵，归国至今我一直在自己的人生中实践着这些想法。我想将经过自己长年实践检验的想法写下来，介绍给大家，希望能对跟我一样对工作持有疑问的人有所帮助。

"正在做的重要的事情"就是工作吗？

我在旧金山的留学生活开始不久，内心之中就有一种不可思议的感觉油然而生——虽然我已经从公司辞职，并未从事所谓的"工作"，却总觉得自己"正在做一件很重要的事"。

对于一直认为辞去工作就是脱离社会的我来说，这样的感觉真是出人意料。为什么明明没有在工作，却依然觉得自己在做一件很重要的事情呢？就在我不断反问自己的时候，我领悟到一件事，所谓工作就是"做一件重要的事情"。

也许不管你有没有意识到，很多人都是这样看待工作的。也正因为如此，当人们失去工作的时候，往往觉得自己"所做的都不是重要的事"。

毋庸置疑，这只是一种观点。我们翻开词典查询有关工作的解释，也找不到类似的描述。不知从什么时候起，我就开始如此看待工作了，纯粹是个人的执念。只不过这是一种很强烈的执念，因为这个想法从小就一直萦绕在我的心中。

于是，我想反过来利用一下这种执念。如果"正在做的重要的事情"就是工作的话，那么只要我觉得此刻的留学就是一件"正在做的重要的事情"，那么是否可以把留学当作自己的工作呢？想到这里，一瞬间我感到身体里涌现出一股强大的力量。

究竟是谁在决定什么是工作，而什么又不是工作？不管其他人如何主张，只要自己内心认定，那么对于你而言，就可以绝对地说"正在做的重要的事情"就是工作。

把别人觉得不是工作的事当作工作，这个做法本身既不会给别人造成困扰，也不会在法律上受到处罚。既然如此，我们选择能给自己带来能量的观点不是更好吗？

也在支配人生的"工作观"

在探寻"什么是工作"这个课题过程中，我有了一个重大发现，那就是我在思考工作的时候，切切实实地感受到了"工作观"的作用，即人们如何看待工作，这个视角拥有巨大的影响力。

一般人们聊起工作的时候，往往会问对方有关工作内容的问题，比如"你是做什么工作的"，或者是关于工作方式

序　章　追寻"真正的工作"

的问题，比如"你是怎样开展工作的"。这些问题当然很重要，但是我觉得在此之前有必要思考一下，"我们是如何看待工作的"。是的，我就是这么思考的。

首先，探寻自己和身边的人是如何看待工作的，一定要先从盘点"工作观"开始。

作为测试，大家可以找身边的几个人，试着问问以下这个问题。

对你而言，工作意味着什么？

对于这个问题，通常只会得到一些很抽象的回复，所以我一般会让对方做一个比喻，如此一来，就能收到很多有趣的答案。比如，有人把工作比作"牢狱"，让人想逃却无处可逃。还有人把工作比作"肥料"，可以帮助自己获得成长。

通过这些答案，我们能发现人们对于工作的看法，真的是因人而异。说起工作，很多人觉得大家的想法应该都是一致的，其实不然，现实中存在着各种各样的工作观。而且不只限于工作，大概对于世间所有的词汇，人们的看法也是各有不同的。

因为每个人接触词汇和运用词汇的场景都不尽相同，比

创造有意义的工作

如"工作"这个词让我常常回想起年幼时父亲的模样，还有和父亲的关系，这对于我的工作观的形成产生了莫大影响。在我的心中，这些个人经历和工作这个词汇本身的意义，已经建立起了难以割舍的联系。同样，拿到这本书的每个人一定也有自己的工作观。

所谓工作观，就是一个故事。一听是故事，或许大家就会觉得无足轻重，但它却是一个看不见的故事。正是因为看不见，它在无形中支配着我们的人生，拥有左右我们命运的强大力量。但是幸运的是，故事是杜撰出来的，只要能被创作出来，就有了改编的可能。

不过，为了改编这个故事，首先我们必须要弄明白，在我们的心中正上演着一个什么样的故事，我们要"看见"那些"看不见"的故事。这件事非常有挑战性，好比是让我们"不用镜子就看清自己的模样"一般。

戴着"四副眼镜"看待工作

在各位读者借助本书回顾自身的工作观之际，我想介绍一下当代日本人心中比较有代表性的四种工作观。

1. 工作就是"谋生手段"。

2. 工作就是"忍耐自己不喜欢的事"。

3. 工作就是"适应既有的职位"。

4. 工作就是"同时只能有一份工作"。

当然,可能有不少人的工作观与之不同,相反地,也许一些人还有另外的共通的工作观,但是我之所以特意在书中列出这四种工作观,是因为我感觉再也没有其他任何一种工作观像以上四种一样,让我们远离了"真正的工作",让工作变得无聊,让我们发生改变的可能性变得越来越小。

如果现在的你对于工作持否定态度,有一些负面印象,那就意味着你的工作观与我所说的这四种工作观中的至少一种是相同的。

这绝非不好的事,也不是让人难为情的事情。重要的是我们觉察到自己有这样的工作观,自我觉察是我们迈向变化的第一步,如果我们想要有所改变却不明白要改变什么,那将无法实现改变。

如果用眼镜来比喻,应该比较容易理解。我们对事物的看法就好比一副眼镜,因此,所谓工作观就是有关工作的一副眼镜。只要是眼镜,就有替换的可能。但是如果在此之前,我们不知道自己戴的是哪一副特定眼镜的话，自然也就无法替换它。换言之，只要我们知道自己戴着某副特定的眼镜，就可以比较容易地换成别的眼镜。

我把这四种工作观称之为"四副眼镜"。在本书中，我将会逐一揭示这"四副眼镜"对我们与工作的关系产生着何种影响，同时也会介绍四副与之截然不同的"眼镜"。

改变我的"创造有意义的工作"的故事

也许有人对于我提出的"眼镜"理念表示困惑，或者觉得难以接受。存在这种现象是完全合理的，其实这也是本书的创作目的所在。

我们在改变对事物的看法时，一定伴随着意识上的触动。这种触动最典型的例子是，我们第一次出国的时候，很多人感受到的是与自己国家不同的风俗习惯，也就是所谓的"异文化碰撞"。受异文化碰撞影响的人在习惯不同的风俗民情之前，往往会有一段时间觉得各种不适应，但是只要度过了这段时期，就会渐渐觉得自己的思想和视野变得更加宽广。

同样，本书的目标也绝非是将我的工作观强加给读者，

序　章　追寻"真正的工作"

我只是希望通过展示一种不同以往的工作观，让大家在意识上有所触动，进而打开思考工作的格局。

另外，一旦思考的格局被打开了，我们可能会从中找到适合自己的工作，进而或许能够发现自己独有的工作观。我衷心希望你能够实现这个目标。

为此，我也想拜托各位读者在阅读此书时，即便对于我阐述的"眼镜"理念不认同或有所抗拒，也不要马上拒绝，而是尝试着"佩戴"一下。

在这个基础上，请大家问问自己："如果以这样的方式看待工作，我的身上会发生什么变化？会有什么可能性？"如果依然不能认同，那么换回原来的"眼镜"也没有关系。

试戴新的"眼镜"，并不意味着一定要丢掉原来的"眼镜"，换"眼镜"既不花钱也不浪费时间，没有什么损失，所需要的仅仅是"试试看"的决心而已。或许新"眼镜"会出乎意料地适合你，也许你会像我一样感觉到身体里涌动着一股巨大的力量。

本书所写的内容不过是我自己的故事罢了，但即便是故事，也有它的意义。一个人的故事往往拥有强大的力量，能决定其人生是天堂抑或地狱。如果要活出同一个故事，我们应该期盼的是赋予自己力量，而非夺走力量的故事。

关于我工作上的故事，我取名为"创造天职"。大家可能注意到，这个命名模仿了圣经当中"创造天地"的说法。我虽不是基督教徒，但也知道这个"创造天地"的故事给信徒们带来了深远的影响。同样，创造天职这个故事也在很大程度上影响了我的生活。自从与这个故事邂逅，我就想努力活出故事里的样子，因而我的人生就发生了巨变。这个故事究竟如何改变了我的人生，我将通过本书一点一点告诉大家。

好了，序章就到这里，有些长，接下来要进入正题。大家准备好了吗？欢迎走进创造天职的故事。

第一章

生命的意义——
为何要以"赚钱"
为名义工作

第一章 生命的意义——为何要以"赚钱"为名义工作

物质时代和心灵时代

在进入工作的话题之前,我想先和大家聊一个更大一点的话题,那就是什么能带给我们幸福?

第二次世界大战以后的日本满目疮痍,但经过数十年的时间,我们却成为了被称为经济大国的发达国家。实现这一让世界为之惊叹的奇迹般复兴的人,不是别人,正是我们的父母那一代人。

"追赶欧美,超越欧美"的全民口号支撑着他们一路拼搏努力,而他们下意识里恐怕也有这样的念头——重拾我们因为战败而粉碎的荣耀。

同时,我觉得他们之间有一种很默契的共识,那就是"富足的物质生活是获得幸福的捷径"。也正是如此,很多的男性

（当时女性进入社会工作会受到很多限制）才不顾家庭，始终"克己奉公"，埋头苦干。

当然，也许他们的想法并非如此简单，因为时代背景不同，内心中还有很多复杂的情绪，但是"物质富足等于幸福"这个公式，恐怕已经深深地烙在了支撑这个时代的大多数人的头脑中。

然而，在20世纪90年代初的经济泡沫破灭之后，越来越多的人开始对这个公式产生疑问。

我们的父辈那一代人拼尽全力让日本成为世界屈指可数的物质富足的国家，对此我们这一代日本人，甚至我们的后代真是千恩万谢都不为过。不过，如果按照上面的公式来看，是不是目前在日本觉得幸福的人数也应该大幅增长呢？似乎并非如此。

虽然日本经济长期不景气，但GDP（国民生产总值）目前也排在美国和中国之后，位居世界第三，光看经济指标，日本依然是世界上最为富足的国家之一。

既然如此富足，按理说有人大摇大摆地宣称"我很幸福"也不足为奇，但实际上很少有这样的人。与之相反，总体来看大多数人倒是心有不满、常常抱怨。

第一章 生命的意义——为何要以"赚钱"为名义工作

事实上，根据联合国2013年世界各国幸福指数的调查结果显示，在包括日本在内的150多个国家和地区当中，日本排在第43位，是发达国家中幸福指数最低的国家之一。在其他国家眼中，可能这根本就是有钱人自寻烦恼，但是可悲的是，这才是日本的真实情况。

那么，如果物质不能让人幸福，那什么才能带给我们幸福呢？

我认为是"心灵"，是"精神上的富足"。

在泡沫经济破灭之后，"探寻自我""生存意义"之类的寻求精神富足的词汇频繁见诸报端。大家去书店的话也会发现，以往被堆放在角落里不引人瞩目的有关精神世界的书籍，现在地位提升了不少，被更多的书店摆放在比较醒目的专区进行售卖。甚至，最近"幸福学"也腾空出世，在世间开始崭露头角。

这种趋势可不仅仅发生在日本。以美国为首，在整体上物质生活相当富足的所谓"发达国家"，人们对富足的精神生活的追求与日俱增。

我长期从事教练工作，这个职业旨在帮助人们更好地生活，它早在20世纪90年代初诞生于欧美，之后在很多发达国家迅速普及开来，这背后与这些国家的人们对富足的精神生活的渴求是密不可分的。

如此看来，在人类迈入新的发展阶段之际，以发达国家为代表，对于"什么能带给我们幸福"这个问题的看法正在发生剧烈的变化，而且这种变化将影响我们人生的每一个方面。在本书中，我会就这种变化给人与工作之间的关系正在带来或者将要带来的影响做深入探讨。

为了方便区分，在书中我将重视富足的物质生活、经济泡沫破灭之前的那个时代称为"物质时代"，将之后越来越重视富足的精神生活的时代称为"心灵时代"。

当然，实际上是不能这么简单地划分时代的。即便是在当今社会，也有很多人秉持着物质时代的价值观，相反地，一直以来就笃信心灵时代价值观的人也大有人在。

此外，即便是在同一个人身上，很多时候物质时代的价值观和心灵时代的价值观也是共存的。明知如此，为什么还要如此界定呢，这是因为我觉得这样划分时代可以更好地帮助我们了解，什么样的价值观会阻挠我们发展的可能性，而什么样的价值观会拓宽我们发展的可能性。

不过，这种时代认知也不过是一副"眼镜"罢了。读者中恐怕也有人对此并不认同，观点不同也没有关系，我只是希望大家暂且戴着这副"眼镜"来阅读本书。读过之后，如果依然觉得有"违和感"，可以随时摘掉这副"眼镜"。

能否相信存在生命的意义？

那么精神上的富足到底指什么呢？如何才能获得呢？

关于这个问题，可能有各种各样的答案。我个人认为能否切切实实地感受到自己"生命的意义"是最重要的。生命的意义是一个很艰涩的词汇，比较浅显的说法就是"自己为了什么而来到这个世界，并要生存下去"，简言之就是"人生的目的"，或者是"生存价值"吧。

如果我们问别人："你的生命意义是什么？"一般大家会有什么反应呢？恐怕没有人能一下子回答上来。假使有人答得出来，他所说的也只是自己的信念，这个问题不像数学题那样有"正确答案"。也就是说，人们的回答不过是个人的假说而已，但是"假说也是一种说法"。

这个问题的重点不在于能否流畅地说出自己的生命意义，而在于虽然我们可能连生命的意义是什么都不知道，但是我们依然相信它的存在，我认为这种信念是我们追求富足的精神生活的基础。

以前，我听过这样一件事。美国的心理学家们为了研究罪犯和吸毒人员的心理倾向，对监狱的犯人进行过一番调查。结果发现，很多犯人都认为"这个世界上已经没有自己的容身之处"，"自己不被需要"。

换个说法就是这些犯人"感受不到自己的生命意义"。生命意义的缺失给他们带来了多少精神上的负面影响呢？通过这个调查可见一斑。

说到这里，可能有人想问："那么如何能证明生命意义是真实存在呢？"在我们中间，"科学万能主义"的观念依然根深蒂固，很多人认为没有经过科学证明的事就不足为信，所以有这样的疑问也很容易理解了。但是，我们是否能科学化地证明生命意义的存在并不重要，重要的是因为相信它的存在，而给自己的人生带来了什么样的影响。

也就是说，如果因为相信自己有某种生命的意义，对于人生更加积极乐观，精神生活更富足，这不是很好的一件事吗？你们觉得如何呢？

"在不能证明它存在之前，我就不相信"，这种想法与"在大气中的污染物对于人体的危害没有得到科学证明之前，我绝不呼吸"这种极端的想法，其实没有什么区别。

此外，我也常听人说"可信的话当然好，不过我就是无法相信"。如果我们仔细思考一下的话，这倒也不奇怪。的确，我们无法直接证明生命意义的存在，但是我们同样也无法证明它不存在。如果"不相信人是有生命意义的"，那么反过来说就是"相信人是没有生命意义的"。

当然，这不是谁对谁错的问题，这是"相信哪种说法"的意识和选择的问题。

因为"赋意"不同而人生截然不同的双胞胎

如果任由"相信还是质疑"的争论继续下去，就有一些宗教的意味了。如果我们换一个角度去看，也可以说是"赋意"的问题。

在第二次世界大战之际，因为犹太人的身份而被关进纳粹集中营的奥利地精神病医生、心理学家维克多·E.弗兰克曾经说过："在那样一个失去了家人、工作、财产，甚至连裹身的衣物都被剥夺的，等待着你的只剩死亡的绝境当中，最

创造有意义的工作

后没有丢弃希望坚持活下来的人们有一个共同的特征,那就是大家都找到了活下来的意义。"

比如,"我还有未完成的工作""我的家人都在等着我活着回去""我要活下去向世界控诉,不能让如此暴行再度上演"等,只有这些找到了生命意义的人们,才度过了让人无法想象的残暴暗黑的日日夜夜。弗兰克还说:"人是追求意义的动物。"

人生本不会事事如意,可能某一天就会遭遇到意想不到的"悲剧"。虽然我们可以说这是不走运,但是如果对此总是一副"为什么偏偏是我这么倒霉"的受害者思维,情况是不会好转起来的。为了重获精神上的富足,我们必须为这些不如意的事赋予某种积极的意义。

我在美国时听说过这么一个故事。有一对双胞胎姐妹,父亲因为婚外情,在两人很小的时候就离家出走了,母亲因此而整日借酒消愁,后来不幸酒精中毒而无法抚养姐妹俩。

大家猜想一下,这对双胞胎姐妹之后的人生到底变成了什么样子?

事实上,这两人走上了截然不同的人生道路。其中一人不断违法犯罪,因为吸毒而入狱;而另一人则埋头苦学,通

第一章　生命的意义——为何要以"赚钱"为名义工作

过了司法考试，和一名律师同事结婚，过上了幸福的生活。

在相同的家庭环境中长大的双胞胎，人生为何如此迥异，有家电视台对此很感兴趣，以"你为何走上了今天的人生之路"为题，分别采访了姐妹俩，两个人竟然给出了相同的说法："在那种家庭环境中长大，不管是谁都会这样。"

那么，这两个人之间又有何不同呢？不同之处就在于对发生在身边的事，两个人的赋意是不同的。被捕入狱的人想的是"生在这样一个糟糕的家庭中，自己再怎么荒唐也是理所当然的"，而成为律师的人想的是"正是因为生在这样一个糟糕的家庭，只有付出超乎常人的努力，才能拥有不一样的人生"。这真是一个因赋意不同，而让人生截然不同的非常好的例子。

大家可以试着回顾一下自己的人生，有没有类似的经历。当不幸降临在自己身上时，你会觉得很悲惨，可是过一段时间再回过头看看，却很有可能深有感悟地说："正是因为那段苦难的经历，才成就了今天的自己。"

乍看觉得"毫无意义"的事，仔细探究一番的话，肯定能找到某种积极的意义，而且发现意义所在的终极对象应该是自己的人生，也就是生命的意义。

创造有意义的工作

不论在地球上还是历史上，你都是独一无二的

我认为只要来到这个世界上，每个人都有属于自己的特定的生命意义。换言之，在这个世界上，没有谁和自己拥有一样的生命意义。正是因为每个人的生命意义都不尽相同，拿自己的生命意义和别人做比较并分出优劣的做法，既没有必要也没有意义。只有一点是肯定的，那就是存在多种多样的生命意义。

说了这么多，也许会有人想，那么我自己独有的生命意义是什么呢？且不管这个生命意义是什么，为了让大家切身感受到它是每个人身上特有的东西，我想先做一个简单的小练习。

请准备好纸笔，在"我是……"这个句式中尽可能多地找出贴切的词来填空。

比如从"日本人""男性""B型血""射手座""长子""兵库县出生的人""长在东京"等这些基本属性出发，到"左撇子""固执""讨厌失败""乐观""直觉型""会说两种语言"等特别属性，不一定要拘泥于"是什么"这个句式，只要能

第一章 生命的意义——为何要以"赚钱"为名义工作

将展现"我"的事情罗列出来就好。

如果已经写不出更多的描述了，就请重新看看自己写的内容。一个个看下去，你会发现对于基本属性的说法，还有很多人与你相同，而对于诸如"讨厌失败"等特别属性来说，也许有人比你有过之而无不及。

但是，如果我们把这些特点全部组合起来，结果又会如何呢？符合全部所列特点的人，在这个世界上究竟又有多少呢？

我们只不过列出了十几个要素而已，完全符合要求的人就已经相当有限了，更有甚者，也许就没有另外一个这样的人了。如果大家把写在纸上的内容全部比照一下的话，恐怕在全世界、全部历史进程中也找不出第二个同样的人。

大家感觉如何？是不是觉得没有比这更让人震惊的事情了？

我认为这是一件具有划时代意义的事。为什么呢？如果把以上的要素都称之为"价值"的话，在这个地球上、历史上，和自己有同样价值组合的人是不存在的。这就证明了一件事，那就是生活在这个世界上的每一个人都是具有独特生命意义的人。

创造有意义的工作

第四波解放已经开始

"人们因何来到这个世界上，又因何生存下去？"一直以来思考这个问题都是宗教人士和哲学家的工作。但是如今，我们已经迎来了每个人都必须回答这个问题的时代，也就是说"一亿个哲学家的时代"到来了。

我觉得，将这样一个最为基本而重要的问题只交给一部分人来思考，本身就是一件奇怪的事。对于这样的问题，如果不进行自主的思考，那么在遭遇人生危机的时候，只能盲目地听从他人的意见和想法了。

虽说我基本上认同宗教的价值，但是对于声称"这就是唯一且绝对正确的答案"，并强加于人的做法是有些怀疑的。的确，与自己思考相比，接受他人的答案，也就是所谓的"抄袭"会更轻松。但是将已有的宗教观点和哲学视角作为参考，自己去追寻和探究答案的做法，不是更令人期待吗？

回顾历史，我们就会发现，人类对于生命意义的追求是一种很自然的趋势。请参考下表，这是人类历史上的"解放"

进程。

表 1-1 第四波解放

时代	奴隶社会	封建社会	资本主义社会或	?
解放程度	身体的解放	社会的解放	物质的解放	精神的解放
追求价值	自由	平等	富足	生命意义

从很多人立志获得人身自由的奴隶社会（第一波解放）开始，到立志从身份地位的束缚中解放出来的封建社会（第二波解放），再到物质得到极大满足的资本主义社会（第三波解放），随着解放程度的递进，时代也有了很大的进步。

随着历史不断向前发展，各个时代追求的价值也从"自由""平等"到"富足"，不断发生着变化。我认为现在已经进入了以"生命意义"为核心，以精神上的解放为目标的新时代。

本章一开始所提到的"从物质时代到心灵时代"的这个描述，正好对应着这样一个伟大的历史潮流定位。如果站在这样的角度去看的话，"心灵时代"也可以称之为"意义时代"。

表 1-2　物质时代和心灵时代对比表

物质时代	心灵时代
物质富足	精神富足
富裕	意义
量	质
科学	哲学
财富	生命的意义

当然,我不是历史学家,世界上现在还有很多人过着和这种发展趋势毫不相干的生活,或许有人会批评我的说法过于武断。不过,这个观点也是另外一副"眼镜"、一个故事,如果用这个视角分析我们现在所处的环境,并能够有所获益的话,不妨可以作为参考。(详见表1-2)

第一副眼镜：工作 = 谋生

为什么一开始要讲这个话题？我认为如果我们的价值观和人生观,要从追求"富足的物质生活"向追求"富足的精神生活"这个方向转变的话,我们的工作观当然也应该随之改变。

第一章　生命的意义——为何要以"赚钱"为名义工作

人的一生是无法与工作脱离关系的。我们开始在自己的人生中更加注重追求"精神层面的东西",这正是对于自己的工作更有精神追求的体现。

在迄今为止的物质时代中,一般人都会将工作视为"谋生的手段"。人要生活就需要钱,所从事的活动算不算工作,往往取决于是否有收入,也就是说,"工作＝谋生"是非常主流的观点。这是第一副"眼镜"。

也许有人会认为"工作与谋生无关",但是我觉得在大多数人的观念中,工作与财富有非常紧密的关系。比如,人们认为没有收入的活动就不能算工作,这种想法就是一个证明,这其中最具代表性的就是家庭主妇这个职业。

经常有自称"家庭主妇"的学员来参加我开办的"创造有意义的工作"工作坊,当我问她们做什么工作时,多数人的回答都是:"不好意思,我现在没有工作。"如果继续追问:"家务劳动和育儿不是很了不起的工作吗?"听到这个问题时,几乎所有人都会露出一副诧异的表情。总而言之,"家庭主妇＝无收入＝没有工作",这个公式已经深深地印在了她们的脑海中。

学生群体往往和家庭主妇一样,他们在工作坊交流中也

● 创造有意义的工作

经常会说:"不好意思,我还没有开始工作。"如果问他们:"为了将来对社会有所贡献,现在努力学习不也是工作吗?"大家的反应也几乎如出一辙。这些表现可以说比较有代表性地折射出了社会上的普遍性观点——不赚钱就不算有工作。

阪神大地震之后,日本涌现出了很多志愿者,他们在东日本大地震救援行动中也发挥了很大的作用,可是在"工作=谋生"的工作观的影响下,他们虽然做着很有意义的事情,却无法得到社会的公正评价。

很遗憾的是,在当今社会中,家庭主妇、学生、志愿者们,都无法在公众场合正式宣告他们所做的事也是一种"工作"。

"工作=谋生"这副眼镜还有一个衍生品,那就是很多人认为"赚钱多的人才了不起",换一种说法就是"不赚钱的人活着没有意义"。参加工作坊的家庭主妇和学生们,在被问到"你做什么工作"时,经常会先说"不好意思",这种情况就是在告诉我们,低收入者或者无收入者的自尊心也很低。

这样的事情看得多了,我就很清楚地意识到很多人都被"工作=谋生"这个想法所束缚着。从某种意义上来说,这也是无可奈何的事。

我们现在秉持的工作观,基本都是不知不觉地从我们的

第一章 生命的意义——为何要以"赚钱"为名义工作

父母,或者祖辈那里继承下来的,但是我们的父母和祖辈又生活在一个怎样的时代呢?

正如本章一开始介绍的那样,那是一个物质严重匮乏,"吃了上顿就不知道下顿在哪里",人们每天都为生存而头疼不已的时代。在那样的时代、那样的环境中生存,人们当然认为"物质才是王道"。

被戴着这副"眼镜"的父母、祖辈养育长大的我们,也在不知不觉中戴上了这副"眼镜",这的确不足为奇。

但是,时代已经发生了变化。这20年来,虽说日本的经济发展一直不景气,被称为"失落的20年",但是人们只要去商场和超市,大多数商品都能买得到,而且每到黄金周,总有很多人选择去海外旅行。虽然我们没法保证这种经济状况会持续到什么时候,但是在这种环境下还一直保持"战后思维",也的确算是很奇怪的事了。

我并不是想说物质时代的"眼镜"不好,而是这副"眼镜"已经脱离了当今时代的要求。就像戴着度数不合适的眼镜会对视力造成影响一样,一直抱着不符合时代要求的工作观不放,我们的精神世界也会受到影响。我们要防微杜渐,早点发现"眼镜"方面的问题,替换上更与时代合拍的"眼镜"。

创造有意义的工作

工作是探索和表达自己的生命意义

那么我们应该替换成哪副"眼镜"呢?

答案就是之前提到的"生命意义"。我认为在心灵时代,我们要戴上的这副新的"眼镜"——"工作是探索和表达自己的生命意义",用更为极致的表达方式来讲,就是"工作=生命的意义"。

"工作=生命的意义",具体是指什么呢?

比如,对于将"善待他人"视为生命意义的人而言,在公交车上给老年人让座,在外面给迷路的人指路都算是他的工作。对于将"守护美丽的自然"视为生命意义的人来讲,给枯萎的花草浇水,在海边游玩时捡拾沙滩上的垃圾也是他的工作。

如果以生命的意义为切入点来看,就像上面的例子一样,即便是极为平常的活动和行为都可以成为自己的工作。在此之中,也许有些事是没有收入的,有些事是可以获得收入的,当然能有收入是最理想的情况。不过,最终决定那些活动和行为是否成为工作的关键,不是看是否有收入,而是看是否

第一章 生命的意义——为何要以"赚钱"为名义工作

探索和表达了个人的生命意义。

如此说来，家庭主妇也好，学生也罢，普通职员也好，公司总裁也罢，正式员工也好，临时工作人员也罢，甚至是那些没有什么钱的人，大家都可以在同一个平台上工作。

我总觉得，"获取收入"不是工作的本来目的，而是为了达成某件事而采取的手段。人们如果只是一味地赚钱，那么工作和生活将没有任何意义。

很多人会说："我也是为了糊口啊。"可我们仔细观察就会发现，没有多少人会满足于"能糊口就好"，就像基督教的教义中所说的，"人不是仅仅为了面包而生存的"，追求生存以外的事情才是人之常情。

那么，为了"糊口"以外的目的而执着于赚钱的，比如那些想住豪宅、想坐高级轿车的人们，他们又是怎么想的呢？当然，我并不是否定这些追求和目的，只是希望大家思考一下，人们为什么会有这样的目的，人们是不是想凭借所谓的"身份地位的象征"来感受自我存在的意义呢？

这样看来，我们人类的终极追求一直都是感知自己的生命意义吧。问题在于，迄今为止我们所采取的手段都过于物质化了。

创造有意义的工作

换句话说，如果我们意识到，感受生命意义的方式不在于拥有多少财富的话，那么就会有更多的人加入"选择另外的方式"的行列。

关于这个"另外的方式"，在本书中，我倡导大家首先尝试着从"工作是探索和表达自己的生命意义"这个角度出发。

事实上，在当今社会中，为了生存我们当然要赚钱，所以最理想的状态就是戴着心灵时代的"探索和表达自己的生命意义"这副"眼镜"去工作，同时还能实现物质时代的"谋生"目的。

我认为这不是十分困难的事。事实上，在近20年里，我一直能够做到二者兼顾。我究竟是如何做到的，在第三章中将会为大家详细介绍。在此之前，请大家先跟我一起再思考一下"生命的意义"。

第一副眼镜
物质时代 工作 = 谋生的手段
心灵时代 工作 = 探索和表达自己的生命意义

第一章　生命的意义——为何要以"赚钱"为名义工作

"首先走出家门吧"

生命的意义不仅指向自己，对于他人、对于社会而言都是有积极意义的存在。

比如，"我的生命意义是让自己获得幸福""我的生命意义是受人喜爱"等，严格来说，这些都不是真正的生命意义。即便如此，这些想法也好过"成为有钱人""在公司出人头地"等对生命意义的说法。

在前文中我介绍过，在对监狱犯人进行采访调查的过程中，他们当中很多人都谈到，"这个世界上已经没有自己的容身之处"，"自己不被需要"。这其实就是在表达，他们找不到，或者感受不到自己对他人、对社会的意义。

如此看来，我们可以说生命的意义其实产生于人与他人和社会的关系之中。

以前，我听过一次《与神对话》的作者尼尔·唐纳德·沃什的演讲，有一位听众提问说："我不知道自己对于这个世界而言，到底有什么存在的意义，很多年来我一直都在问自己这个问题，但是依然找不到答案，我该怎么办？"

创造有意义的工作

当时沃什的回答让人印象深刻。

"首先走出家门,到街上去逛一逛,仔细观察一下你看到的人和事,你就会发现你想要的答案。"

我认为他的话说出了某种真相——生命的意义绝对不是把自己关在家中,一个人苦思冥想就可以找到的东西。只有走出去,和他人、和社会产生连接,才能得到答案。

在日语中,工作写作"仕事",即"侍奉之事",这里的"侍奉"是指侍奉谁呢?我认为,不是指公司或上司,而是指他人和社会。

还有一个词是"劳作",日语写作"働く",意思就是让身边的人轻松,可以说这两个词都拥有同样的意义吧。

不过,即便说"侍奉",也并不意味着就要牺牲自我、放弃自我,我认为是为了他人和社会,发挥出自己最大的意义和价值。

当我们通过最大程度地发挥自己的价值,对他人和社会有所帮助时,我们就能切实感受到自己的生命意义。如果我们仅仅满足于自我获得幸福,或是自己成为有钱人的话,那么最终我们只会与社会隔绝,度过孤独的一生,度过全然感觉不到生命意义的一生。

第一章　生命的意义——为何要以"赚钱"为名义工作

认同感丧失才是失业带来的真正打击

如果戴上"工作＝生命的意义"这副"眼镜",我们会发现很多可能性,而这些可能性是在戴着"工作＝谋生"这副"眼镜"时看不到的。

这当中最具革命性的发现就是"失业"的问题消失了。"失业"通常是指"没有工作的状态",更准确的说法是"没有能获得收入的工作的状态"。

然而,如果判断工作的标准不再是收入,而是生命的意义,如果每个人都找寻到生命意义的话,那也就不存在失业的概念了。

美国的宗教学家马修·福克斯在其著作《重塑工作（The Reinvention of Work）》中说道:"宇宙中所有的生物皆有工作。银河、星星、树木、海豚、小草、山羊、森林、云朵、鸡群、大象,大家都各自默默地做着自己的工作,在这其中叫嚷着'没有工作'的,只有人类。"

的确,不仅人类有生命的意义,我们能看到的世间万物都有自己存在的意义和价值,并依此运转。福克斯认为失业是"人类特有的异化现象，是一种不健全的现象"。

在现代社会中，气候变化、环境污染、贫富差距扩大、战争和恐怖事件频发，这些堆积如山的问题必须要集合全人类的智慧和力量才能解决。我们忙都忙不过来，又怎么会失业呢？

失业所带来的不仅是失去收入、难以维持生计的问题，更重要的问题是"失去了外界的认可"。

现在，拥有工作的人大多数都有过于"同一化"的倾向。换句话说，比如自称"我是某某公司的销售部长"，"我是某知名杂志的编辑"，很容易将工作的"形"和自己混为一谈。

当我们失去这些外界认可的"形"的时候，随之而来就会有丧失自我认知的风险，比如很多退休的人都有类似的经历和体会。

没有了工作，失去了外界的认可，即便还有谋生的方式，许多人依然痛苦不堪，甚至自暴自弃走上了绝路。

由此可以看出，与经济危机相比，精神上的危机让人更难以承受。因此，用是否有收入或者带来收入的形式——职业——来定义工作，可以说风险非常大。

进一步讲，我觉得用有形的东西来定义自我是非常危险

第一章　生命的意义——为何要以"赚钱"为名义工作

的举动。

比如，社会地位、居住的房子、人脉关系等都是"有形的东西"，为什么说用有形的东西来定义自我非常危险呢？因为有形的东西相对来说难以抵抗变化。如果出现经济危机或者社会动荡，以及遇到公司破产这样的外部变化，我们可能会轻易失去这些有形的东西。

另一方面，无形的东西却不会因为外界环境的变化而受到较大影响，其中比较有代表性的就是生命意义。只要依照生命的意义来界定自己的工作，甚至进一步界定自我，就不会惧怕因外部变化而突然失去这些东西。

只要自己认为"善待他人"或者"守护美丽的自然"就是生命的意义，不论外界发生什么改变，我们都可以用一些方式表达自己的生命价值。换言之，只要我们认定"工作 = 生命的意义"，无论世界发生什么样的变化，这份工作都不会受到影响。

不断进化的生命意义

生命的意义不受外部因素的影响，但是会受到内在变化的影响,这里说的"内在变化"是指自身精神层面的成长和自我觉察的提升。

在前文中我说过,对于生命意义的追问和探求永远没有正确答案,只能设立假说,但是设立假说之后要对其进行验证,而验证就是表达生命意义的过程。

所谓表达,具体来说就是付诸行动。将"善待他人"作为生命意义的人,如果在公交车上给老人让座,那就是通过"让座"这个行动来表达生命的意义。

或者,可能并非通过某些日常化的暂时性行为,而是在服务行业或是医疗行业中工作,用更可持续的方式来表达生命的意义。

不管怎样,我们通过某种看得见的具体形式去表达假定的生命意义,就可以判断自己是否真的认同这个假说。如果发现有不认同的地方,可以马上进行调整,这就是对于自己的生命意义进行假说验证的过程。

还有一个更简单的方法,跟别人分享自己假设的生命意义,这就和字面意思一样,就是积极的"表达"。这种试着向别人介绍的方式,比仅仅在头脑中思考的方式更容易验证自己的认同度。

第一章　生命的意义——为何要以"赚钱"为名义工作

由此可见，生命的意义不是一旦确定下来就永恒不变的东西。先设定假说，然后通过很多形式去表达、去验证，可以让其不断进化。这是"探索生命的意义"，就像假设和验证一样，探索和表达也是一个组合。

我自己的生命意义，也是随着自我成长和觉察深化而不断进化的。

最初，我假设的生命意义是"帮助人们充满活力地工作"，后来我发觉自己对于"帮助人们发挥潜能"这件事越来越感兴趣，而不仅仅是停留在工作层面。于是，我的生命意义假说也就进化为"帮助人们将原有的潜能最大程度地发挥出来"。

最近，我发现自己不光是希望人们发挥自身的潜能，对于人们所在的组织和地区，再进一步地说，对于大自然这个人类以外的世界也是有所期待的，所以我的假说进一步进化为"帮助世界万物最大程度地发挥本身的可能性"。

我们总是认为，以看得见的具体形式去表达生命的意义才是工作，其实努力探索生命的意义，不断进化生命的意义也是一个同样重要的工作。

"内在工作"和"外在工作"

经济学家E·F·修马克在《好的工作（Good Work）》一书中说："对于我们而言，最重要的工作是维持自己内在世界的秩序。"

我们每个人所探索的生命意义，与修马克所说的"维持自己内在世界的秩序"是相互联动的，可以称作"内在工作"。

另一方面，我们把以看得见的具体形式表达自己的生命意义称为"外在工作"。我想用表示无限大的符号来说明两者之间的关系（详见图1-1）。

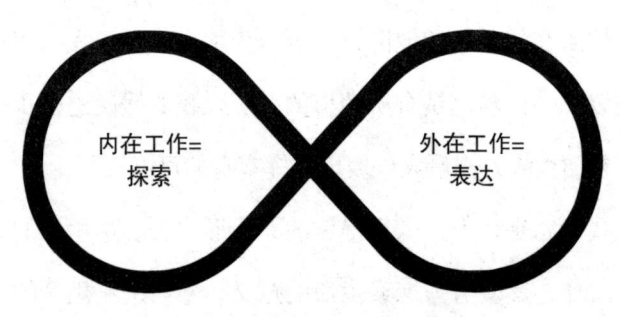

图1-1　内在工作和外在工作

在我们的意识中，往往更多地关注右侧，也就是能看得

第一章 生命的意义——为何要以"赚钱"为名义工作

见的"外在工作",而忽视了左侧看不见的"内在工作",呈现出右侧肥大、左侧瘦小的状态,甚至是没有左半边的缺失形态。

而且在多数情况下,大家所从事的"外在工作"更多是为了谋生,而非可以表达自己生命意义的工作。

前文提到过的马修·福克斯还说过下面一段话。

"有太多太多的人为了外界的报酬或威胁而工作。我们一旦以外部的赏罚为动机而工作,那么这份工作就已经没有了生命力。"

为了让我们的工作更有生命力,内在工作是不可或缺的。我留学美国时,老师曾在电脑的屏保中写下过这样一句一针见血的话:如果没有内驱力,你将很难行动起来。

内在工作和外在工作,就像自行车的两个轮子,在转动中保持着平衡。我认为,如图1所示,如果两侧平衡状态保持得好,那么就会激发出个人的无限潜能。

接下来,在第二章中,我会进一步阐释内在工作如何"探索自己的生命意义",在第三章和第四章中,会为大家介绍外在工作如何"表达自己的生命的意义"。

第一章小结

- 我们的时代正在从以物质富足为第一追求的"物质时代"向以精神富足为第一追求的"心灵时代"转变,我们的工作观也应随之而变。
- 人要拥有"生命的意义",才能感觉到精神上的富足。
- 每个人都拥有自己独特的生命意义。
- 在物质时代,占据主流的思想观点认为"工作是谋生的手段",但是在心灵时代,我们应将工作视为"探索和表达自己的生命意义"的媒介。
- 我们是在与他人、与社会建立的关系中找到生命意义的。
- 如果将工作视为"带来收入的头衔、职业",当外界环境发生重大变化时,就会有失去工作的风险。
- 生命的意义会随着自我成长和觉察深化而不断进化。
- 如果"探索生命的意义 = 内在工作"和"表达生命的意义 = 外在工作"这两个轮子能保持平衡、运转良好,就可以最大程度地将人们的潜能发挥出来。

第一章 生命的意义——为何要以"赚钱"为名义工作

"冥想引导师"井上先生

——创造有意义的工作故事—

井上先生（55岁）是和歌山县高野山大学的教师，并长期在日本各地举办演讲和开办工作坊，讲授和指导人们进行冥想。每逢周五到周日，大学里没有授课任务，他就和家人一起住在山梨县的小镇田舍町，一边照顾同住的父亲，一边抚育幼小的子女。这里是他的故乡，也是上大学前度过孩提时光的地方。

在快上小学的时候，井上先生在屋后的小仓库里遇到了一件决定自己未来的事情。

那天，阳光从仓库木栏的缝隙中照射进来，灰尘在光线中飘舞着，并发出彩虹般的光芒，他被这一幕深深打动了。

在被眼前的美景所吸引的同时，少年的他陷入了沉思，灰尘和夜空中闪烁的星星是什么关系？星星、灰尘与自己，这三者之间到底有何共通之处？

"现在想起来，在我的内心深处，一直保持着追求真理的

创造有意义的工作

渴望。"

井上先生觉得只有寻获真理，才能得到自由。他沉浸在爱因斯坦的物理学理论中，因为他认为只要像爱因斯坦一样探究真理，每个人都可以发现自己未来的方程式。他不放过任何一个疑问，对于什么事都要探究到底。

高三时的一天，井上先生骑着摩托车出去旅游。途中，他路过曹洞宗的总寺院，也就是位于福井县的永平寺，在这里他被道元祖师的一句话所吸引——"学习佛法，是学习静观自我，忘记自我。只有忘记自我，才会视自我为万物之一，从而得到解放"。

那一刻，他突然有一股冲动，想在寺里暂住一段时间，在一番软磨硬泡之后，他终于获得了在寺里留宿一周的许可。从那时起，"人是因何而生"的这个疑问就一直萦绕在他的心头，他的关注点也从科学转向了哲学和宗教。

随着对哲学和宗教的兴趣不断加深，他考入了京都大学哲学系，但是又因为在哲学系所学的东西不怎么"有趣"，没等毕业他就选择了退学。

他决定离开尘世，继续自己的探索之旅，他先选择在京都的一家寺庙出家，那家寺庙的副住持是他高中时在永平寺

第一章　生命的意义——为何要以"赚钱"为名义工作

结识的僧人。接着他又去永平寺修行，但是因为永平寺是曹洞宗认证的僧人修习场所，僧人所有行为都要受到繁琐寺规的约束，少有可以静心冥想的时间。

永平寺的生活让井上先生深感烦恼，他决定寻求新的修行之路，于是用了一年的时间在日本各地巡游。后来，他来到了位于北九州市的一座信奉缅甸佛教的寺庙，让他感到惊讶的是，在那里除了遵守八个基本戒律之外，他可以自由地冥想。

井上先生好像突然被投放到一个零重力空间，他发觉自己明明讨厌束缚，但是自己的生活其实一直都被各种日程安排和外在要求牵制着、束缚着。

于是他花了将近三个月的时间去找寻自己的节奏，屏蔽世俗的干扰。一年后，他终于能驾驭自己的步调，让自己像冲浪一样在波涛中自由穿梭，亲身感受到了冥想的功效。在历经一年的修行后，他又去了缅甸。让井上先生难忘的是，在26年前，正是在缅甸，他才真正出家成为了一名僧侣。

那一天，十多名僧侣聚集在井上的身边，在他的剃度出家仪式上专心地念诵着佛经。听着僧侣们的声音，井上先生那一刻深信自己"就是为了成为僧侣而来到这个世界的"。

创造有意义的工作

正是在那时,井上先生获得了 Wimara 这个僧名。Wi 是离别,Mara 是污秽的意思,整个名字的意义是"要像莲花一样出淤泥而不染"。井上对这个名字的意义念念不忘,还俗后依然使用这个僧名。

从缅甸回国后,井上先生致力于佛教典籍和解说书籍的翻译工作,同时也开始讲授冥想。

之后,他又去了加拿大,住在信奉斯里兰卡佛教的社区,在那里教人们冥想。后来,他也指导一些当地人进行冥想,但是这件事给井上先生带来了巨大的心理矛盾。

缅甸和斯里兰卡的佛教都有严格的清规戒律,属于小乘佛教,甚至连当地人习以为常的握手行为都是被禁止的,而且老师和学生之间的关系有明显的上下等级之分,彼此之间无法真正交流。

井上先生和当地人接触时,比较认同"要为其师,先为其友"的理念,有一次他居然破戒和学生握手。

"那一刻,我第一次真正体会到了生命的活力,感动得泪流不止。"

自从那一次握手之后,井上内心中开始萌生出一个信念:重要的不是形式,而是生命交流的感觉,这才是真理。他觉

第一章 生命的意义——为何要以"赚钱"为名义工作

察到,自己一直以来都过于重视传统和戒律,竟然忽视了这么重要的事。

"大约在10年前,我在缅甸受戒出家的仪式上,那么强烈地感受到自己就是为成为僧侣而生的,而如今却觉得那些都是对我的束缚,人生真是有趣啊!"

井上先生在美国的一家佛教研究中心当了半年的客座研究员之后,下决心脱离僧籍还俗。之后,他开始作为冥想引导师,在世界各地帮助人们体会"生命交流的感觉"。开始时,他通过一位熟识的年轻母亲的介绍,在一个育儿社团里举办冥想会,正是因为这个活动,他逐渐对如何将冥想的"守护之心"运用到子女教育中产生了兴趣。

不久之后,在家乡从事看护工作的老师向他请教有关看护方面的问题,这让他开始思考如何将冥想运用在看护工作上。他走访了很多看护机构,得以了解生命正走向终结的人是如何被照护的,看护他们的家人又是如何生活的。在这种双重体验之下,井上强烈地感觉到"养育和看护存在于同一个循环之中",他似乎意识到"好好关照人的生死才是他此生的意义所在"。

就在那时,高野山大学的副校长邀请他一起开设一门新

创造有意义的工作

的学科——精神呵护。他觉得这个工作就是研究如何帮助那些在生老病死中苦苦挣扎的人们，正可以发挥并深化他的知识，正是他梦寐以求的工作，于是他又让自己的人生转变了航向。

高野山大学是一所佛教大学，一些寺庙的未来住持也会前来深造。有一天，他站在讲台上，看着台下的僧侣们，忽然想起自己曾发愿要将在缅甸习得的智慧带回日本。"啊，原来弘法大师（高野山大学的祖师）正是为此才召唤我来到这里啊！"想到这里，井上先生又一次流下了眼泪。

就这样，井上先生在大学里带着学生们一起冥想，探索精神呵护的课题，这是佛教不曾涉足的领域，他享受着这份工作带来的喜悦，不过他的工作并非仅限于此。

他说："接下来，我要把冥想理论和方法传播到四面八方，帮助人们找回自然的相遇相识想通的感觉，过上真正快乐的生活。"

第二章

纯粹意愿——
为什么不将"想做的事"变为工作？

第二章 纯粹意愿——为什么不将"想做的事"变为工作？

想做事的意念从何而来？

想做事的意念从何而来？来自于"探索自己的生命意义"。

即便我这么说，对于那些从未思考过生命意义的人而言，到底应该从何处着手呢？也许还是没有头绪。"你的生命意义是什么？"对于这个问题，哪里都没写着答案，也不会有人来告诉你，再加上被别人突然一问，自然会觉得困惑。

不过没有必要担心，因为这个问题是有提示的。要说提示在哪里？其实就在我们每个人的心里。

你有没有对什么事特别着迷过？也许是某项运动，或者是演奏某种乐器，又比如集邮、绘画、看电影。

什么样的状态可以被称为着迷？这个标准也许会因人而异。当自己总是很自觉自愿地做某件事，或者不用别人催促也会主动地做某件事的时候，可能就是着迷的状态吧。

请试着想一想，回顾一下自己的过往，如果没有马上可以对号入座的事，试着回到童年找一找，哪怕持续的时间再短，也一定有什么事曾经俘获过你的心。那时候，你一定心里满是"我想做这个，我喜欢这个"的念头，并一股脑儿地扎了进去。

这究竟是一种从何而来的意念呢？

每个人想做的事、喜欢的事都不尽相同，这又是为什么呢？为何大家都不一样呢？

仔细想一想，这真是一件不可思议的事。当我们对一件事着迷的时候，是不知不觉就沉浸在某个状态里，而不是心里想着"好了，接下来我要入迷了"，然后才开始进入着迷状态的。

当然，事发有因，不过这个因并不是我们有意为之，而是某时某刻突然来到我们身边的。

比如，小时候一次偶然的机会，你被父母带去看芭蕾舞表演，却因此开始学习芭蕾舞，并为之着迷；或者不经意间向朋友借了一本推理小说用来打发时间，却发现有趣至极，从此不忍释卷。

第二章　纯粹意愿——为什么不将"想做的事"变为工作？

那么，关于刚才的那个问题，"我想做这件事"的意念究竟从何而来呢？最终的答案恐怕都是"不知道"，或者是"碰巧""不过是偶然"吧。

不过，大家不觉得这些答案很乏味吗？

于是，我自己有了这样的一种想法——"由心而生的想做某事的意念，一定是神赐予我们的一份礼物"。

一说到"神"这个词，可能有人就会产生抵触心理，我并非想宣传有神论，其实上天也好，宇宙也罢，我们也可以换成造物主或者其他伟大的存在，在本书中都是一种借代的说法。一想到内心萌生的这种意念，是超越人类智慧的力量所驱使的，大家是不是觉得很神秘、很有趣？

改变我人生的思考

我产生这个想法时，大概是 25 岁左右，因为想去美国留学，当时很纠结是否要从瑞可丽公司辞职。在上大学的时候，我的心里就模模糊糊地存在过"留学"的念头。虽然不是一直都想着这件事，但是在毕业后进入社会、忙于工作的同时，内心深处还时不时地冒出这个想法。

但是，我究竟为什么想去留学呢？

当时，我自己也不是很明白，如果硬要找，也能勉强找到一些能让人信服的理由。比如，在我小时候父亲曾被公司派往英国工作，我跟着一起在英国生活了四年的时间；上大学时，我曾利用"Working Holiday"制度休学，并在澳大利亚工作了一年。这些经历都让我向往海外的生活，但是即便和我有同样经历的人，也未必都会有留学的想法。

如果进一步追问的话，我脑子里可能就只剩下"因为我想为了留学而留学"等一些比较"幼稚"的答案了。其实，瑞可丽公司有"海外留学制度"，每年会有数名员工在通过英文测试、小论文答辩和高层面试之后，获得公费留学的机会。可是我好几次都在高层面试环节被刷了下来，理由是"搞不懂你为什么要去留学"。

当然，每次我都会想好理由并尽力说明，但他们真不愧是大企业的领导，一眼就能看穿我的牵强附会，所以我努力了五次，五次都铩羽而归。

于是我放弃了公派留学的想法，开始考虑从公司辞职自费留学。这条路的风险还是很大的，那时候我没有很多存款，就算真的出国了，也无法保证未来的基本生活需求。

第二章　纯粹意愿——为什么不将"想做的事"变为工作？

我当时想去的大学没什么名气，想学的专业也不是很好找工作的MBA（经营管理硕士）专业，一想到毕业之后的事，真是心里没底。

如果要冒这么大的风险，还不如干脆放弃留学，那样的话自己会更轻松一些。当时的我辗转反侧，熬过了好几个不眠之夜。

就在我犹豫不决时，忽然有个想法浮现在心头——"或许想去留学的念头是来自于神的一份礼物"。

若是因为自身的不安和恐惧，而压抑了这样的念头，从某种意义上来讲，这不是对"神"的一种冒犯吗？

我并没有什么宗教信仰，为何当时会有那样的念头，现在依然不得而知。只记得当时那个想法非常强烈，我甚至还考虑过在"神"的眼里自己究竟是什么模样。

地球上大约有70亿人，在"神"看来我也不过是那70亿分之一罢了。更不要说，除了人类之外，还有其他的动物植物，或者不只有地球，包括其他的星体在内，我也不过是一个宛如尘埃般的存在。

从时间上看，人类的历史约有20万年，地球的历史约有46亿年，按照宇宙大爆炸的理论来讲，宇宙的历史大约

创造有意义的工作

是 138 亿年,如果按照日本男性的平均寿命,我能活到 80 岁的话,是一个连瞬间都算不上的、无法衡量的存在。

在宇宙中这么渺小的自己,却苦恼于要不要从公司辞职的事,想一想也许都觉得有些可笑。可是,即便是这么渺小的自己,都能获得"神"的馈赠,那我就应该相信并收下这份礼物,遵从自己的内心去放手一搏。

想到这里,我所有的苦恼也就烟消云散了。

现在想来,从这个决断开始,一切都有了新的起点。在迄今为止的人生中,我做过大大小小无数的决定,但是没有一个决定能够对我的人生产生如此大的影响。

正是因为我没有压抑"留学"的念头,顺应内心而为,自己的心中又冒出了"想做这件事""想做那件事"等许多个想法,就像深埋地底的岩浆一样不断喷发。如果这个比喻有些夸张的话,也可以比喻为打开了水龙头,水就哗哗地流了出来。

纯粹意愿不需要理由

我把内心深处涌现的"想做这件事"的念头称之为"纯

第二章 纯粹意愿——为什么不将"想做的事"变为工作？

粹意愿"。

为什么要特意用"纯粹"这个词语呢？因为人们通常所说的意愿中夹杂了很多不纯粹的东西。

比如因为别人这么说了，其他人也都这么做了，或者这样看起来比较帅，我就要照着做。所谓不纯粹的意愿，就是那些介意他人看法的意愿。

归根结底，这些意愿中常常夹杂着不安和恐惧，隐藏着如果被嫌弃了怎么办，被别人认为是笨蛋怎么办，不被认可怎么办，诸如此类的情绪。

另一方面，纯粹意愿里却没有这些东西。虽然不知道为什么，但是心里就是想做这件事。不管别人怎么讲，我就是想那样去做。纯粹意愿不是为了达成某个目的的手段，做这件事本身就是目的所在。

从被问及为什么想做而无从回答的意思来看，纯粹意愿也可以被称为"无理由的意愿"。有意思的是，这样的意愿往往会违反社会常识和身边人们的期待。如果不是这样的话，想必所有人在很久以前就开始按照纯粹意愿生活了。

我自己也有这样的经历，当我提出要辞职留学时，家人和朋友们都很反对，都觉得"这个想法太傻了"。他们说可以理解我想去留学的心情，可还是应该再努力努力，利用公司的留学制度来实现目标比较好。

虽然我自己也觉得那是最好的解决方法，可是一想到已经失败五次了，不能再这么拖下去了，而且这种等待的不确定性太大，还不如索性遵从自己的纯粹意愿。

从某种意义上讲，纯粹意愿和谈恋爱非常相似。当我们喜欢上一个人的时候，如果被问到"为什么喜欢他（她）"，一开始可能会回答"因为帅气……因为可爱"，或者是"因为很温柔"。但是如果继续追问下去，我们的回复就会变成"喜欢就是喜欢"，这是一个没有理由的结论。

恐怕没有人是先想着"我要开始喜欢这个人了"，然后才坠入爱河的，往往都是在不知不觉的情况下，悄悄地萌生出喜欢的情愫，直到有一天突然意识到自己爱上了这个人。

损耗灵魂的意愿与滋养灵魂的意愿

在这里，我要和大家介绍一件我亲身经历的有关纯粹意愿和非纯粹意愿的轶事。

那是我在美国留学的第二年发生的事。那天，我首次面

第二章 纯粹意愿——为什么不将"想做的事"变为工作?

向当地的日本人举办了一场刚设计完成的"创造有意义的工作"工作坊。有一个二十岁出头的女孩,表情凝重地向大家做了自我介绍。

"其实我很清楚自己想做什么样的工作,我想在学校里教英文,为了学习英文我才来到美国。今天参加这个工作坊,其实我是被朋友硬拉来的,我觉得工作坊可能对自己没有什么用处。"

不管怎么说,那天是我第一次开办工作坊,虽然感到很尴尬,但我还是很礼貌地邀请她"暂且上完一天的课,然后再确认一下自己的想法"。当一天的课程接近尾声时,我邀请学员们发表感言,这个女孩好像换了一个人似的,很开心地说:"早上我说自己想当英文老师,但是实际上我最想从事和音乐相关的工作,如果有可能的话,我想试着组织和策划音乐会。"

从英文老师到音乐会的组织者,我对这种巨大的转变感到非常好奇,决定在课程结束后单独和这个女孩聊一聊。女孩和我诚恳地说:"事实上,成为学校的老师并不是我的梦想,而是我母亲的梦想。从我记事的时候开始,母亲就总跟我说,你长大了一定要当老师,这是女孩子最好的出路了。

在不知不觉中，这个想法俨然就变成了我自己的梦想，一直到今天。"

这位女孩的例子或许是一个比较极端的例子，但是我们身边或多或少都正在发生着相似的事情。如果我们跟随非纯粹意愿前行的话，会发生什么情况呢？关于这个问题的答案，我觉得刚才这个故事就很有参考意义。

她在童年时期就很喜欢听音乐，有一天她在自己的房间里听录音磁带，母亲进来后严肃地说："你在干什么？这是多么浪费时间的事啊！"然后直接关掉了录音机。从此之后，她觉得听音乐好像变成了一件罪恶的事，也就不怎么听音乐了。

表 2-1 纯粹意愿和非纯粹意愿

纯粹意愿	非纯粹意愿
无理由的	有理由的
意愿本身就是目的	意愿是达成其他目的的手段
完全自然涌现	背后带着恐惧和不安
滋养心灵	折磨心灵

这个女孩在参加工作坊的时候，身体不太好，却一直找

第二章 纯粹意愿——为什么不将"想做的事"变为工作？

不到原因，为此她也很苦恼。在工作坊上，她回忆起自己对于音乐的热爱，并重新开始欣赏音乐，听说后来身体也变得越来越好。

也许大家觉得，意愿对于身体的影响是一个很独特的例子，不具有普遍性，但是从我自身的经验来看，在被非纯粹意愿裹挟的时候，哪怕我们很想努力，心灵上也会或多或少有一些受到折磨的感觉。相反，如果是纯粹意愿，则会有一种心灵得到滋润的感觉。

因此，也许我们可以说，我们判断纯粹意愿的标尺就在自己的身体和心灵里。做一件事时，我们的心灵是得到了滋养，还是感受到了折磨呢？

【尝试一下】任务①

你有哪些纯粹意愿？尽可能多地写下来。如果想不出来，可以参考下面的句式，试着进行填空。

我想做_____。

我喜欢_____。

我做_____的时候很开心。

创造有意义的工作

> 我对_____很感兴趣。
>
> 我一直做_____，也不会觉得厌烦。
>
> 我总是在不经意间做_____。
>
> 如果写不出现在的事情，也可以试着回忆一下童年的事，或者问问家人和朋友。

探索心灵的涌泉

我在工作坊里设计了好几种帮助学员找寻各自纯粹意愿的练习模型，如果把纯粹意愿比作地下水的话，我们要试着挖几口能打出水的井（详见图2-1）。

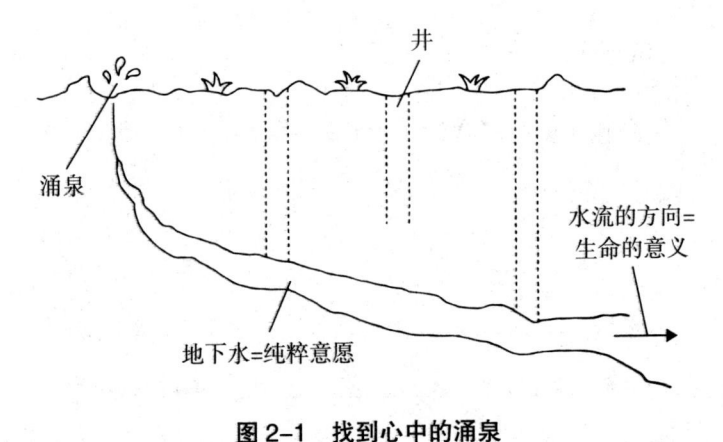

图2-1 找到心中的涌泉

第二章　纯粹意愿——为什么不将"想做的事"变为工作？

当学员们找到"水源"的时候，我马上就能知道。为什么呢？因为他们脸上的表情会变得舒朗起来。当然，不是每个人都能"挖出水"，不过这并不代表着他没有纯粹意愿，只不过他"挖井"的位置有些偏离，或是"挖"得深度还不够罢了。

在工作坊这种非日常的环境中，虽然"人工挖井找水"不失为一种有效的方法，但是更好的探查水源的方法还是找到"涌泉"。涌泉这个说法当然是一种比喻，在现实生活中代表着我们日常感受到的那些"想做某件事"的一系列小念头。

举一个例子，你接受友人邀约要去参加一个都是陌生人的聚会，在准备衣服的过程中，你原本很喜欢三原色系列的服装，但是因为不想让初次见面的人觉得你"太高调了"，而最终选择了比较朴素的颜色。

或者，你和聚会上刚认识的朋友一起去吃饭，对方问你想吃什么，其实你很想吃牛肉盖饭，但是因为不想让对方觉得你是个无趣的女人，于是回答"吃什么都好啊"。

男人很多时候也是一样的。原本想穿一件比较鲜艳的衬衫，但是一想到可能会被要去拜访的重要客户认为"没有商务礼仪常识"，于是不得不换上了平淡无奇的白衬衫。

◊ 创造有意义的工作

和客户见面后,被对方邀请一起用餐,客户问:"你想吃什么呢?"其实你特别想吃自助牛肉锅,但是因为不想被客户认为"是个吃货",索性回答说"随意就好"。

在这里,我不是说遵守礼仪的做法不对,我想让大家留意的是,在那一刻认为自己"穿红色衣服赴宴"不合适的想法,"吃自助牛肉锅"不可以的念头,其实都是用一个盖子将我们心中萌生的意愿给盖住了。

我们对于心中萌生的意愿,即便是一些毫不起眼的念头都应该心存敬意,只不过在具体事情具体分析的时候,可以依据"这次以礼仪为重"而做出选择。

为什么要说这些细节方面的事,因为我认为纯粹意愿就像地下水一样,从小到大,从浅到深,彼此连接着。如果我们平时不经意间压抑住这些小的意愿,很可能会不知不觉地将更深层次的、更大的意愿封住了。如果我们去关注这些小的意愿,最初它可能只是一个不起眼的小泉眼,后来不断喷涌而出,汇集成了泉水和河流。或许也可以说,这种做法是"先拧松内心的水龙头"。

另外,如图 2-1 所示,地下水的流动方向代表着生命的意义。也就是说,如果有"想做某件事"的念头,即便它再

第二章 纯粹意愿——为什么不将"想做的事"变为工作？

琐碎再微小，只要你尽力追随纯粹意愿，终会找到自己的生命意义。

从纯粹意愿到生命的意义

就像前文提到的一样，我也是顺着想留学的纯粹意愿而去了美国，但那只不过是察觉自己生命意义的第一步。

留学期间，我在研究生院里的研究方向是"组织开发"，主要探索"如何在组织中让人们充满活力地工作"。这个课题对于一直对工作话题颇感兴趣、期待有所探索的我而言，可谓"不远不近"了。可是当我沉浸在得以成功赴美留学的喜悦之中时，第一学期结束了，我觉得好像没有学到什么东西。第二学期一开始，在拿到学校的课程表考虑选课的时候，一门名称清奇的课程——如何做想做的事又能维持生计——吸引了我的注意。实际上这门课不是组织开发专业的，而是别的专业开办的一门课，好在当时的研究生院里可以比较自由地跨系选课，我立即递交了申请。

这门课的讲师是克劳德·维特迈尔，他不是学者，而是一名专门从事小微企业创业咨询服务的自由职业者。

创造有意义的工作

这究竟是一门什么样的课程呢？我怀着极大的兴趣听了听，还真觉得很有意思，内心萌生的纯粹意愿告诉自己："这正是你想学的东西。"我想从维特迈尔老师身上学到更多的东西，于是就请他做我的"个人课程"指导老师，但是维特迈尔老师在那个学期的期末就要离开我们研究生院了。所谓"个人课程"是我们研究生院独有的一个课程体系，学生自己可以选择课题和老师，由老师进行一对一教学，老师也可以不是研究生院的老师，只要课题明确并得到学院的认可，就可以获得学分。

在这之后，我最大程度地灵活运用这个课程体系，得以师承维特迈尔老师。

通过老师的一对一教学，我在本书中介绍的"创造有意义的工作"的概念也开始逐步清晰起来。就在那个时候，维特迈尔老师对我说："你不能总是一个人研究，可以偶尔试着和其他人聊聊你的想法。"于是，他专门带着我参加了他的学生聚会。

就在那场聚会上，我第一次有机会公开阐述了自己的想法："我希望在不久的将来回到日本，帮助更多的人充满活力地工作。"

第二章　纯粹意愿——为什么不将"想做的事"变为工作？

结果，就在聚会结束我准备离开的时候，一名男士走了过来，他问："你知道 Coaching（教练）吗？"然后，他告诉我 CTI 公司（一家企业教练公司）的联系方式，觉得肯定会对我想做的事有所帮助。

当时，我还没有反应过来，觉得我想做的事和"教练"没有太大的联系。后来又过了一段时间，我去一位研究生同学家参加家庭聚会，和一位初次见面的男士聊起自己想做的事，他正好就在 CTI 公司学习教练技术。

这应该算是某种信号吧，想到这一点，我立刻申请了 CTI 的教练基础课程。

实际上，当我参加了这个课程之后，我深深感受到"这才是自己一直探求的东西"，越来越多的纯粹意愿不断涌上心头。我很快又申请了进阶课程，抛下研究生院的课程不顾（维特迈尔老师的课另当别论），一头钻进了教练知识的学习当中。

Coaching 是 20 世纪 90 年代初从欧美国家发展起来的，是一种以激发人的潜能为目的的沟通技巧，同时随之诞生了一个名为"教练"的职业，旨在使用这种沟通技巧来帮助组织和个人。

○ 创造有意义的工作

　　CTI是培养专业教练的教育机构中的先驱，我之后也在CTI获得了教练资格，以教练的身份开展相关的工作。那时我开始明确地认识到，自己的生命意义就是"帮助人们最大程度地发挥潜能"。

　　如此看来，我追随"想去留学"这个纯粹意愿之后，不断有新的纯粹意愿涌现出来，我继续跟随探索并最终找到了自己的生命意义。从某种意义上来讲，虽然我不知道为什么，但是内心萌生的"想去留学"的念头，对我而言真的是一份很大的"礼物"。

第二副"眼镜"：工作 = 忍耐

　　在物质时代，很多人坚信所谓工作就是"做那些不想做的事"，换另一个说法就是很多人觉得"哪有不吃苦不受累的工作呢"。

　　这些人认为工作就是完成上司或者顾客交待的那些令人讨厌的任务，虽然会吃一些苦头，但好歹会有一份相应的报酬，而想做的事不过是自己的兴趣。也就是说，对于他们而言，报酬等同于"忍耐金"。

第二章 纯粹意愿——为什么不将"想做的事"变为工作？

与以前相比，虽然现在很少有人会公然说出这么极端的话，但是我觉得大家或多或少都抱有这样的想法。实际上，对于将"想做之事"和"工作"结合起来这件事，仍然有相当多的人存在抵触心理。

那么我们究竟为何对"想做之事"如此抵触呢？

我觉得有一条原因好像和日本人特有的精神特征相关——日本人不喜欢特立独行，更倾向于与他人保持一致，也就是所谓的"求同意识"根深蒂固。与此同时，就像前文指出的那样，每个人的想做之事都千差万别，借助于想做的事，人们就能看到彼此之间的显著不同。

也就是说，"做想做之事"这件事，与盘踞在我们日本人观念中的"求同意识"是背道而驰的。日语中有个词叫"村八分"，是指在以前的农业社会，如果做了和别人不同的事，那就等于"死路一条"了。"枪打出头鸟"这个谚语可以说形象描绘出了日本人的这种精神特征。

在这里，我想带着大家一起回顾一下人生。你们是否记得在人生中的某个时刻，你非常想做一件事，但是身边的人却说："做想做之事就是任性的表现，做想做之事就会给别人添麻烦。"

就是在这种反反复复的告诫声中，我们学会了一个道理——不能想到什么就做什么。

"不去做想做之事"才是任性？

当真是这样吗？做自己想做的事就是任性的表现，就会给别人添麻烦吗？

在日本有一句谚语，"爱好才能擅长"，意思是说"人在做自己想做的事时，才能充分发挥自己的能力"。

让我们认真地想一想，不论在哪个领域，被称为顶尖高手的人大多数都是因为发自内心的喜欢，所以才会自觉磨练、不断精进技艺吧。我们都没有听说过讨厌棒球的人会成为职业棒球选手，而不喜欢钢琴的人也应该不会成为著名的钢琴演奏家。

正如职业棒球选手凭借高超华丽的技巧征服观众，著名的钢琴演奏家依靠美妙悠扬的旋律打动听众，换一个角度来看，人们在做想做之事时，非但不会给别人添麻烦，反而能为别人、为更大的群体做出积极的贡献。

如此说来，缺乏"做想做之事"的勇气，一味压抑自己

第二章　纯粹意愿——为什么不将"想做的事"变为工作？

的做法才是真正的任性。为什么这么讲呢？因为这种做法很可能剥夺了自己获得更大发展的可能性，也剥夺了可能会带给别人的帮助或者福祉。这难道不是一种任性吗？

这就是第二副"眼镜"。在物质时代，主流的看法认为"工作就是做不想做的事"，而我认为在心灵时代，应该将其变为——所谓工作就是"做想做之事"。

从我们内心中自然萌生的"想做这件事"的念头是纯粹意愿，沿着这个纯粹意愿探索下去，能帮助我们最大程度地发挥自身的潜能，这会为我们的社会，甚至为全人类做出贡献，也能让我们强烈地感知到自己的生命意义之所在。

读到这里，大家感觉如何？

如果你感到质疑，想反驳我的观点，甚至有些生气，那么这是一个绝佳的机会。在做出"正确与否"这样非黑即白的定论之前，请试着思考一下自己究竟为何会有这样的反应。

当然，我不是说我的想法就一定正确。我在书中所说的，不过都是我自己的故事。听了我的故事之后，你们又有什么样的故事呢？

第二副"眼镜"
物质时代 工作 = 做不想做的事 心灵时代 工作 = 做想做之事

人们不去做"想做之事"的四个理由

在举办"创造有意义的工作"工作坊时,我发觉在四副"眼镜"中,由第二副"眼镜"引发的争论最为激烈,也最能表现出很多情绪化反应。

在前文中我说过,很多人对"做想做之事"存在抵触心理,是因为日本人所特有的"求同意识"。也就是说,他们原本就认为"做想做之事"是行不通的。除此之外还有别的什么理由吗?

我认为很多人不去做或者不能做"想做之事",主要有四个理由。第一个理由,单纯地认为"做想做之事是行不通的"。第二个理由,根本就不知道自己想做什么事,即便不抵触"想

第二章　纯粹意愿——为什么不将"想做的事"变为工作？

做之事",但是因为不知道自己到底想做什么,索性也就不会去做了。

很多时候,这两个理由是密切相关的。通常情况下,"不知道自己想做什么事",主要还是因为把自己的纯粹意愿用盖子给封住了。为什么会封住呢?很大的可能性在于自己心里认为"做想做之事是行不通的"。如果没有这个念头作祟,我想对于自己想做什么事,每个人都应该是心知肚明的。为了跨越这两个障碍,我们首先要转变对"做想做之事"的态度,在这个基础之上倾听自己内心的声音,尽可能忠实地跟随这个声音而行动。

第三个理由,不知道如何努力才能在现实生活中"做想做之事"。换句话说,也就是不知道如何才能在"做想做之事"的同时维持自己的生计。

这个理由非常好理解。你有很多想做的事,即便意愿非常强烈,如果没有具体落实的措施或者方法,谁都会感到惶恐不安。针对这一点,我将在第三章中详述。

第四个理由,我们身边几乎没有支持我们做"想做之事"的环境和力量。因为"求同意识"根深蒂固,谁要带头去做"想做之事",内在也好外在也罢,都会受到一些力量的压制。即便你试图摆脱它的控制，也很容易陷入一场异常"孤独的奋战"。

毕竟一个人的力量是有限的，从结果上看，大部分纯粹意愿都会被扼杀在萌芽阶段。关于这一点，我想在第四章中稍作说明。

不做"想做之事"的四个理由

1. 认为"做想做之事"是行不通的
2. 不知道自己想做什么事
3. 不知道如何才能在"做想做之事"的同时维持自己的生计
4. 不具备"做想做之事"的环境和支持力量

让分母大于分子

很多人将做"想做之事"混同为"图省事，或是享乐"，两者虽然看起来相像，其实有本质的不同。

做"想做之事"的确会带来很多愉悦感，但也会遇到很多困苦和考验。做"想做之事"，需要付出很多超出常人想象的勇气和坚持。

在前文中，我列举过职业棒球选手和著名钢琴演奏家的

第二章 纯粹意愿——为什么不将"想做的事"变为工作？

例子，我们很容易就能想象出，对于他们而言如果仅靠"开心"支撑自己，恐怕很难取得今天的成就。要想达到一流的水平，必须付出艰苦的努力，战胜大大小小各种各样的挑战。

也就是说，在"想做之事"之中，也包含着"不想做之事"，并非是单纯的"享乐之事"。不过正是因为做"想做之事"可以感受到真正的精神愉悦，可以帮助抵消这部分辛苦，所以他们才能经受考验并坚持到底。

在这里，我向大家推荐一个重要方法，也就是决定"想做之事"和"不想做之事"谁大谁小。我们把"想做之事"作为分母，"不想做之事"作为分子，如果出现分子较大，也就是所谓"头重脚轻"的情况，就会很难突破困境。相反，如果分母较大，根基比较稳，我们就可以有很大的把握达成所愿（详见图 2-2）。

不想做之事	→	尽量变小
想做之事	→	尽量变大

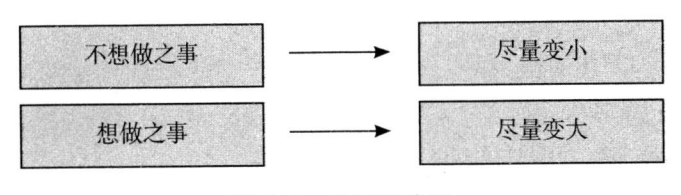

图 2-2 分子和分母

我并不是说，如果分子较大的话，我们就要放弃"想做之事"这个分母。在这种情况下，我建议大家想一想如何才能将分母变大、分子变小。

我有一个方法,就是将这个纯粹意愿和其他的纯粹意愿组合起来。

比如,我有一个朋友一直"想学习英语",为此她每天早晨都收听英文广播,下班后还要参加英语口语班,但是她觉得自己很辛苦,快要坚持不住了,甚至开始认为"自己也没有那么喜欢英语"。就在她快要放弃的时候,偶然间从朋友那里听到了一个看电影学英语的方法,决定自己也试一试。因为她本来就非常喜欢好莱坞的电影,对于英语的兴趣也由此而生,这个新方法对于她来说真是再合适不过了。从此之后,她的英语表达能力突飞猛进。

她正是通过把学英语和看电影这两个纯粹意愿有机组合,减少了学习英语过程中的困难,让分子变小、分母变大,从而取得了成功。

痛苦和悲伤也是纯粹意愿的源泉

不仅是开心、兴奋等情绪,纯粹意愿有时候也可能会来源于痛苦、悲伤,甚至是愤怒。

第二章　纯粹意愿——为什么不将"想做的事"变为工作？

我在美国留学时，对于人们如何发现"有意义的工作"一事进行了专门研究。我注意到，有不少人怀着"我喜欢做这件事，我想做这件事"的心情一路奋斗下来，不过有更多的人则是在经受了很多痛苦之后，才最终找到了"有意义的工作"。

我之所以有这个发现，是拜一则新闻所赐，这条新闻报道了在我赴美留学之前发生的一件事。也许还有人记得那个悲剧，在1992年的万圣节当天，美国路易斯安纳州的一名日本留学生被枪杀。

我所读到的那条新闻，讲述的是被害留学生的父母在经历丧子之痛以后的故事。失去了至亲至爱的儿子，作为父母自然非常悲痛，他们后来数次前往美国组织发起限制枪支的呼吁活动，并与时任美国总统克林顿会面，在一定程度上推动了枪支管理法制化，这一创举甚至连美国人都无法完成。

这则新闻引述了两位父母的一句话，"我们希望这个世界成为没有枪支的安全的世界"。当读到这句话时，我认为他们的心愿就是一个纯粹意愿。

这两位父母为什么对异国的枪支管理如此执着并充满热情呢？理由非常明确，这与我之前提到的"不知为什么，但就是想做这件事"的纯粹意愿相比,虽然性质不同,但是从"做这件事本身就是目的,不考虑旁人能否理解,不是为了满足一己私欲"这个角度来看,可以说这就是非常标准的纯粹意愿了。

同时,基于这个纯粹意愿,这对父母所推动的限制枪支运动,从某种意义上来说也是"有意义的工作"。

同样,因为自己或者家人曾罹患重病,后来选择从医;因为自己在学习上吃了不少苦头,后来投身教育事业,这样的例子比比皆是。

当然,人生经历的所有痛苦未必都会转换为热情,将这些痛苦与工作相关联的人或许更是屈指可数。但是随着研究的不断深入,我出人意料地发现,很多人都是在经历了某种苦痛之后找到了"有意义的工作"。

英文中的"Passion"常用来表达非常强烈的感情,它来源于拉丁文,原本的意思是"痛苦"。这揭示出热情和痛苦本是一体的,通过我对找到"有意义的工作"的人们进行研究,更加证实了这个说法。

这个发现极大地帮助了我,让我理解了自身的纯粹意愿来自何方。

第二章 纯粹意愿——为什么不将"想做的事"变为工作?

为什么我对"工作"如此执着?

在序章中我介绍过,我之所以会执着于"工作"这个话题,并特意跑到美国自费留学,寻找自己的答案,都是受幼年时父子关系的影响。

身为银行职员的父亲,一聊到工作就会变得不高兴。如果只是不高兴倒也罢了,他还会时不时地发怒,并且将怒火都撒到我的头上。

我一直小心翼翼地和父亲相处着,我害怕他,甚至有时有些恨他。但是随着自己不断成长,我将害怕和恨的矛头都转移到了将父亲逼到这个地步的工作和公司身上。

读大学期间,我的这种感受到达了最高点。当时父亲突然被公司调到一个子公司,说是正常的"职务调整",其实就是一张"单程票",那意味着父亲在职场竞争中败下阵来。父亲非常沮丧,甚至有一些落魄,我在一旁都看得于心不忍。而就在这件事发生的前几年,父亲还只身一人赴尼日利亚工作,当时尼日利亚政局动荡,经常发生暴乱。

说起去尼日利亚,父亲所在公司的管理层讨论这件事时,据说没有一个人愿意去,是父亲最后挺身而出接受了这个任务。在尼日利亚工作期间,父亲的居所附近发生过暴乱,父亲还被暴徒持刀威胁过。可是,这样豁出性命为公司奉献的回报,竟然只是一张调到子公司的"单程票"。

在为这种不近情理的做法感到愤慨的同时,我心中对公司和社会的疑问也变得越来越大。

如此想来,我后来之所以想深入探索关于工作的话题,从公司辞职赴美留学,不到几个月又将主攻方向从组织开发调整为维特迈尔讲授的个人课程,从"帮助更多的人充满活力地工作"这一角度出发,开发出"创造有意义的工作"工作坊课程,同时学习教练技术并从事相关工作,都是因为这些事情的原点里有自己童年时感受到的痛苦,而"从痛苦反转而来的纯粹意愿"也成为了我做这些事情的原动力。

【尝试一下】 任务②

请回顾一下以往的人生历程,试着写出你曾经感到痛苦、悲伤的事情,它们也许是你童年的经历,也许是你最近遇到的事情。

> 也许是长期存在的事，也许是一时出现的事。
>
> 不要考虑发生的时间和持续的长短，请将想到的事都尽可能地写出来。如果书写这些事情本身就让你感到痛苦，请不用勉强。
>
> 写下之后，请试着探寻一下在每一个痛苦和悲伤的背后，你感受到了什么样的纯粹意愿？在经历了痛苦和悲伤之后，你的心中萌生了什么想法？
>
> 如果有所感悟，请将它在对应的痛苦和悲伤的旁边写下来。

通过疗愈自我也可以疗愈他人

那么，为什么痛苦等"消极"情绪会转变成热情或纯粹意愿等"积极"情绪呢？

我认为人的灵魂会追求"完整"，它原本就具备"自我治愈力"。如果我们因为某些原因受到了伤害，那么为了疗愈自身而散发的能量，就会以纯粹意愿的形式显现出来。这是我的一个假说。

如果过去没有经历过什么巨大的痛苦或悲伤，纯粹意愿也会自我萌生。何为痛苦，何为喜悦，因人而异。甲之蜜糖，乙之砒霜，就是这个道理。

比如，你出生在一个非常富裕的家庭，别人也许只看到你过着衣食无忧、自由自在的生活，而你却觉得这样的生活无聊透顶。

众所周知，佛陀原本是古代印度一个国家的王子，一直过着无忧无虑的生活，但是有一天他看到城外还有那么多孤苦无依的老人、穷人、病人，心里感到非常苦恼，最终竟然舍弃王子的身份，踏上了修行之路。

但是另一方面，对于在人生中经历过巨大痛苦或悲伤的人们来说，也许不会考虑纯粹意愿是否由此而生。甚至有人会想，如果可以选择的话，我宁愿不要什么纯粹意愿和生命意义，也不想经历那些痛苦的事。的确，对于已经受到的伤害，也许不能完全得到治愈。

不过，我希望大家回想一下，在第一章中维克多·E.弗兰克所说的那句话——人是追求意义的动物。也就是说，只要我们给自己受到的伤害寻找一个积极的意义，那份痛楚肯定会有所减轻。

第二章　纯粹意愿——为什么不将"想做的事"变为工作?

谁都很难直面痛苦或悲伤。有时,我们为了维持精神上的稳定和平衡,会下意识地启动防御机制,将这些不愉快的回忆封存在自己的记忆里。

那些认为自己没有什么痛苦或悲伤的人,也许实际上是在这种防御机制的影响下,渐渐想不起来了而已。

这也可能是妨碍很多人关注自己的纯粹意愿的原因之一。

受伤的我们,在疗伤的过程中,会掌握疗伤的工具,也就是疗愈的智慧和技能,同时会对同样受伤的别人"心生慈悲"。用简单一点的话来说,正是因为经历过同样的痛苦,我们对别人的心情和状态才能感同身受,也在某种程度上知道该如何逃离这种困境。

因此,我们"通过疗愈自我也可以疗愈他人"。

"神"的拼图

当我们说真正的工作就是做"想做之事",必然会有反对的声音,他们认为:如果所有人都去做自己想做的事,社会就不能正常运转了。如果我们进一步追问原因,他们会说:

创造有意义的工作

"世界上总有一些工作是非常重要的工作，但是没有人想做，这样一来这些重要工作不就没人做了吗？"

这番话听上去很有道理，但是这里面有一个先入为主的假设，那就是"这个世界上存在人们不想做的工作和想做的工作"。

真的如此吗？看看我们身边，有不少人将别人不想做、不愿意做的事情作为自己的工作。比如特蕾莎修女，她选择在印度的贫民窟里工作，为饱受饥饿和疾病煎熬的人们获得片刻的安宁而伸出援助之手。对于特蕾莎修女而言，通过这项工作，或者说通过这项工作所接触到的人和事，让她获得了莫大的喜悦。

相反，不是每个人都想当歌手、政治家、医生、运动员，这种类型的工作对于很多人来说也是很难应付的。不管什么样的工作，总会有人想做，有人不想做。如果大家都想做同一种工作，那才是最糟糕的事，不过这种情况可能不会发生。

为什么这么说呢？因为纯粹意愿会因人而异，这就好像是"神"的安排。世界上有许多工作，同样人们也被赋予了各式各样的纯粹意愿，一切宛如"天然的配方"。

我倒是非常期待看到世界上的每个人都去做自己想做的

第二章 纯粹意愿——为什么不将"想做的事"变为工作？

事，如果能够实现这个理想，我们的社会将会变成什么样子？社会中的人们又将变成什么样子？

据我所知，有史以来人类从未认真地想过要打造出这样一个世界。对于没有尝试过的事，又怎能直截了当地否定呢？或许，那才是我们所期待的世界。

再回到刚才那个问题，如果每个人都去做自己想做的事，社会就运转不下去了吗？难道现在的世界就运转得很好吗？至少我不是这么认为的。我甚至觉得，可能是因为"大家都没有去做想做的事，这个世界才运转得有问题"。其实，我们不妨大胆地挑战一下，既然现在的世界有很多需要改进的地方，那么不如我们都向自己纯粹意愿的方向迈进一步。

从问题所在之处看见"有意义的工作"

每次看到特蕾莎修女这样的事迹，我都会有一个想法，有意义的工作往往都是在问题中产生的。

这是怎么回事呢？先有贫民窟里的"饥饿和贫困"等问题，特蕾莎修女对此深感心痛，并萌生出"给予饱受饥饿和疾病煎熬的人们片刻安宁"的纯粹意愿，然后才有了后来的

◆ 创造有意义的工作

一系列行动。

如此这般，痛苦诞生于问题，而纯粹意愿来源于痛苦，"有意义的工作"又脱胎于纯粹意愿，它们构成了一个完整的闭环。

现在全球环境问题日益严峻，很多人都在积极推动污染防治和环境改善事业，还有人基于解决环境问题的纯粹意愿而开展工作。如果环境污染问题不存在了，也就没有这些人的纯粹意愿和相应的工作了吧。

还有，如果职场上的不正之风得到纠正，有心理压力和精神烦恼的员工数量就会减少，那么最近人气指数很高的心理咨询师也不会那么备受关注了吧。

从某种意义上讲，这是一件比较讽刺的事，正是因为有环境污染和职场压力这些问题，才引导一些人萌生了纯粹意愿，并以此作为自己的"有意义的工作"。

我自己也是如此，如果没有人受工作之"苦"，大家都能从事自己想做的工作，我目前的纯粹意愿也就不会萌发，肯定更不会撰写这本书。

正是问题帮助我们发现了自己的"有意义的工作"。

问题未必一直以问题的形态存在，有时候我们也可以把

第二章　纯粹意愿——为什么不将"想做的事"变为工作？

问题看成"需求"。

比如，一到夜晚天色就暗了下来，古时候照明条件有限，人们就只能在黑暗中停止很多活动，心里就会非常渴望光亮，于是瓦斯灯和电灯泡就被发明了出来。因为人们想拥有更快的移动方式，火车、汽车、飞机就应运而生。在这些东西被发明出来并投入使用之前，也许绝大多数人都受困于"黑暗"和"耗时"，只不过他们并不认为这是问题，但是潜在的诉求或者需求却是一直存在的。

最早感知到这些需求的人们，被减轻相应烦恼的纯粹意愿所唤醒，进而创造出满足这些需求的东西或服务。如此想来，只要这个社会上有问题存在，那么工作就绝不会消失。而且问题越大，受到问题影响的人就越多，工作的必要性就越高。

请大家看看自己的周边，有没有你认为存在问题的地方呢？如果这个问题让你感到痛苦、悲伤，甚至愤怒，那么你"真正的工作"也许就藏在其中。

从某个角度说，这个问题也许就是"上天"赐予你的礼物，为了让你找到真正的工作。若非如此，你承受的痛苦或悲伤也就没有意义了，正因为你经历过这个问题带来的痛苦，也就拥有了相应的能力和资格，去拯救同样受困于这个问题的人们。

每个人都有应该从事的事业

人们所萌生的纯粹意愿，背后是因为有亟待解决的问题和亟待满足的需求。

也就是说，自己内心想做某件事，可以视为这个社会有所需要的表现。从这个意义上看，也可以说纯粹意愿是反映社会问题和需求的一面镜子。

在创业者培训课程和市场营销课程里，我们常常听到"发现细分市场"的说法，而且企业经营成功不可或缺的条件之一就是要探索和明确市场需求。但是我认为，如果只讲授如何发现细分市场，如何将其发展成为事业，并不一定会培养出好的创业者。这种模式会让创业者们只关注外部世界，而不去探查自己的内心。

说起"事业"这个话题，一不小心就会陷入"赚钱与否"的讨论之中。我认为真正的成功者，他们的内心中必然会被一种热情和信念所驱动，那就是"这绝对是社会所需要的事，

第二章 纯粹意愿——为什么不将"想做的事"变为工作？

无论如何也要做成"。

而这样的热情和信念往往并非来源于市场调查或是可行性调查中得出的结论，而是来源于"没有根据"的纯粹意愿。

说起真正的实业家，首先浮现在我脑海里的人是坂本龙马。在坂本龙马所处的时代，日本因长年奉行闭关锁国政策，导致经济社会发展落后于西方列强，稍有不慎就可能被列强欺辱。坂本龙马认为要想拯救岌岌可危的日本，必须打开国门，制造大量船只，推动海外贸易，让国家富庶起来。在这种信念的驱使下，当时仅仅是一个下级藩士的他积极行动，最终促成了"大政奉还"这一历史性丰功伟业。

坂本龙马有一句名言——人生在世，当有所作为。我年轻时读司马辽太郎的《龙马行》时，就认为这才是真正的对事业的定义。

并非只有像坂本龙马一样做成撼动国家的大事才是成事，大家既不是坂本龙马，也很难成为像坂本龙马一样的人。在这里所说的"成事"，我认为和"探索表达自己的生命意义"是同一个意思。也就是说，"跟随着自己来到这个世界上的目的，用某种形式将其表现出来"，这件事对于我们而言就是事业。

创造有意义的工作

每个人都有应该达成的事业，而且那才是有意义的工作。在下一章中我会介绍如何创造"表达自己生命意义"的工作。

【尝试一下】 任务③

在本章中你看到了从不同角度探索"纯粹意愿"的方法，最后请结合你的"纯粹意愿"，试着写出生命的意义。

如果在"【尝试一下】任务①和任务②"中所列举的"纯粹意愿"是上天为了帮助你发现生命的意义而赐予你的礼物，那么你的生命意义究竟是什么呢？请试着在空格中写下你的答案。

我为了_____而来到这个世界。

没有必要受到列举"纯粹意愿"时所用词语的限制，试着发动你的直觉和创造力，好好想一想答案，将浮现在脑海里的想法全部写下来。你也可以找人商量并一起思考。

再强调一遍，这里的思考只是假说，我们要用不同形态去表达和验证假说，促使其不断进化。

第二章 纯粹意愿——为什么不将"想做的事"变为工作？

第二章小结

- 探索生命意义的最大提示就是"虽然不知道为什么，但就是想做这件事"的纯粹意愿，它是"神"赐予我们的礼物。

- 意愿有纯粹和非纯粹之分，顺着"纯粹意愿"而动会感觉到灵魂得到滋养，而"非纯粹意愿"会让我们觉得灵魂受到折磨。

- "纯粹意愿"是从小到大彼此相连的。如果我们给小的意愿盖上了盖子，也就无法发现大的意愿。

- 在物质时代，主流的看法是所谓工作就是"做不想做的事"，而在心灵时代，我们认为工作是"做想做之事"。

- 在求同意识较强的日本，"做想做之事太过任性"的看法已经根深蒂固，但是通过"做想做之事"，人们可以最大程度地发挥自己的潜能，让更多的人得到好处，所以说"不做想做之事"才是任性的行为。

- "纯粹意愿"可能来源于人生经历的痛苦或悲伤，在脱离痛苦和悲伤的过程中积累的智慧和能力，可以帮助其他有相同经历的人。

▶ 与其说"如果大家都做自己想做的事,这个世界就将无法运转",也许不如说"如果大家都不去做自己想做的事,这个世界才会无法运转"。

▶ 正是因为社会上有问题存在,人们才萌生了解决问题的"纯粹意愿",而有意义的工作就来源于"纯粹意愿"。也可以说,上天为了让我们发现有意义的工作而赋予了我们这些问题。

▶ "纯粹意愿"是反映社会需求的一面镜子,顺其探索下去,我们就能找到应该完成的事业,也就是有意义的工作。

第二章　纯粹意愿——为什么不将"想做的事"变为工作？

"食物设计师"高桥良子

——创造有意义的工作故事二

高桥良子女士（36岁）有多个身份，她一边照顾2014年才出生的女儿，一边用当地小农户亲手栽培的新鲜食材制作外卖菜肴，还为东京品川一家画廊里不定期营业的餐厅提供餐品，甚至还生产和销售独自研发出的"埃及盐"。

高桥女士在四个兄弟姐妹中排行老三，因为父母比较偏爱年龄较小的弟弟，为了博得父母的关注，赢得他们的赞美，在小学三年级时高桥良子就开始下厨做饭。未曾想到第一次小试牛刀，就她从此深深地爱上了料理，感觉自己"一下子开窍了"。

虽然如此，高桥女士却并不想做厨师，甚至她从没有想过要将做菜作为自己的工作。

在步入社会后，高桥女士最先从事的是室内设计工作，而她之所以做出这个选择，也可以追溯到小学时期。当时她住在神户的六甲地区，那里有一家从Akutasu老酒庄改建而

创造有意义的工作

成的室内装潢店。有一次，妈妈带着她去了那家店，当时她就被店里的空间设计所打动了，决心以后要从事室内设计工作，也要打造出如此令人感动的空间。

在跟着敬仰的老师开始心心念念的室内设计工作后不久，老师因故要休假数月，她只好临时换到一家意大利餐厅工作。

最初，她只负责上菜，可是有一天主厨和老板吵架离开了餐厅，老板出人意料地对高桥和其他四个与之年龄相仿的打工者说："你们几个试着管理这家餐厅吧。"

虽然半年后这家店还是倒闭了，可那段经历后来却帮助高桥走上了厨师之路。

高桥女士回到了室内装潢公司，可是不到一年她就有些按捺不住了，最终决心投身到料理的世界。直到现在，她还记得室内设计的老师说："看来你是找到了自己的天职啊。"说起天职，当时高桥并不太明白，现在想来也许的确如此。

从此以后，她先从日餐厅开始，接着是意大利餐厅、印度餐厅和家庭餐馆，她一边在不同风格的餐厅工作，一边打磨着自己的厨艺。通常情况下，立志做餐饮业的人，如果要开意大利餐厅往往只学意大利菜，但是高桥女士却觉得这种

第二章　纯粹意愿——为什么不将"想做的事"变为工作？

模式没有什么趣味，她想学习多种风格的料理，所以特意在不同的餐厅工作。

这样的生活大约过了三年半，有一天她突然感到腰疼，而且整个人痛得无法站立，不得不请长假回家休息。经过调养之后，身体状况有所改善，刚好有一家服装公司要建员工食堂，高桥女士接到了邀请。经过调查了解，原来这家公司的老板希望食堂每天为80多名员工提供餐食，可以让他们精神饱满地工作。于是老板选中了包括高桥女士在内的四位年轻女主厨，为自己的员工打造健康饮食。

高桥女士对这个要求很感兴趣，她接受了邀请，但是只凭这一份工作是无法维持生计的，她又找了一份工作，担任一位以素食料理而闻名的大厨的助手，这两份工作就意想不到地结合在一起了。

素食料理以蔬菜为主，所选用的食材是重中之重。为了做出高品质的菜肴，高桥女士结识了全国各地很多培育高品质蔬菜的菜农，而服装公司的员工食堂也得以用上了高品质的蔬菜食材，做出了备受欢迎的菜肴。高桥女士本人也感到很意外，她说："原来用好的食材做菜，可以给人们带来这么多活力啊。"

◆ 创造有意义的工作

就在工作渐入佳境的时候,一件意想不到的事让高桥备受打击。

服装公司的员工食堂在试运营期间,租借附近住宅区一家餐厅的厨房烹饪料理,因为餐厅出入人员骤然增多,遭到附近居民的投诉,不得不关闭了。

不过幸运的是,当时还有很多外来人员到员工食堂用餐,他们觉得菜肴很有特色,而且非常鲜美,希望高桥女士能提供送餐服务。

"因为是送餐服务,所以做菜的地点和客户都会经常发生变化,不仅要及时调整菜肴,还要考虑如何布置场地,有时还要根据客人提出的主题和需求,考虑菜品和陈设,这让人觉得相当有趣。"高桥女士非常心满意足地说。

回想一下,过去人生中所经历体验的事全都串联了起来。高桥女士小时候就喜欢给周围的人创造惊喜,为了能提供超出顾客期待的服务,她凭借室内设计的经验,除了用心做菜之外,还精心布置就餐现场,坚持使用高品质的蔬菜做食材,灵活运用在不同风格餐厅学习积累的经验,独创出自己风格的料理,"食物设计师"的大名也由此而来。

高桥女士对于料理的执着,也体现在最能让食材提升味

第二章 纯粹意愿——为什么不将"想做的事"变为工作？

觉享受的调味品上，有些调味品甚至是她自己研发调制的，其中的代表作就是"埃及盐"。尽管刚开始时并不是为了售卖，可这种调味品却越来越受欢迎，成了一款热卖品。

那是发生在很多年前的事了。每年秋天，在多摩川的河堤上都会举办"枫叶集"，高桥女士调制了400瓶"埃及盐"准备在集市上售卖，却不曾想集市因为大雨取消了。就在高桥女士望着那一堆"埃及盐"一筹莫展的时候，一位杂志社的朋友伸出了援手，建议她拿到杂志社的网站上售卖。

结果，没有几天的时间，400瓶"埃及盐"就一售而空，还有很多追加订单蜂拥而至。为了取得卫生许可证，保证销售过程中不出现质量问题和纠纷，高桥女士赶紧租借了现在的工作室。目前，这间工作室不仅成为高桥女士的重要工作场地，她还物尽其用，将工作室改建成了餐厅。

高桥女士认为要想做出让人惊喜的料理，最重要的两件事是"时节"和"真心"。

现代农业利用温室技术可以在一年中的任何时节种植出所需的蔬菜，但是最美味的还是应季蔬菜，而且菜农用心栽培的蔬菜味道也是大不相同的。因此，高桥女士不向大规模采用温室技术种植蔬菜的大农户采购食材，只向顺应时节采

创造有意义的工作

用传统方法细心培植蔬菜的小农户购买食材。

高桥女士用心烹饪这些蕴含着季节规律和真心实意的食材，并以体现季节特色的形式提供给客人。她不是根据烹饪计划选择食材，而是根据食材的特点设计料理，这是"以蔬菜为主演的料理"。

最后，高桥女士坚定地说："我今后还会以蔬菜为媒介，继续用真心在种植者、烹饪者和顾客之间架起一座桥梁，这就是我的工作。"

第三章

创造有意义的工作——如何凭借"想做之事"谋生?

第三章 创造有意义的工作——如何凭借"想做之事"谋生？

将"想做之事"变成工作的人们

这本书读到此处，想必各位读者脑海中都可能想到了以下问题：我们知道遵循"纯粹意愿"，进而找到生命的意义非常重要，但是如何体现生命的意义呢？与此同时又怎么维持日常生计呢？"

这的确是关键问题。接下来我将就此举几个例子，例子的主人公们都顺应了自己的"纯粹意愿"，最后不但成全了工作，还做出了喜人的成果。

日本古堡集日本人的智慧、文化、传统、美学以及历史于一身。萩原幸子女士从小学二年级开始就为之折服，立志一生探寻古堡、研究古堡。换言之，她的"纯粹意愿"就是日本的古堡。她运用在出版社和广告公司积累的经验，成为一名

"古堡作家",出版了《去城堡》等书,并为各类杂志撰写有关古堡的文章,还策划古堡之旅和有关古堡的各类活动等。

渡边贞稔先生看到世界跳绳比赛冠军访日的表演后,感动得难以忘怀,大学毕业后专门出国学习相关技巧。也就是说,"跳绳"成了渡边的"纯粹意愿"。几年后,他参加了世界跳绳大赛,并获得了奖牌,成为日本跳绳运动的"领跑者"。现在,渡边一边担任跳绳教练,在小学等机构教授跳绳,一边作为"专业跳绳表演者",在各种活动中表演跳绳。

此外还有许多案例。比如,武田美通先生对铁的魅力非常着迷,因为想要表现出金属的柔和之美而成了"铁艺造型家";外山晴彦先生因为钟情于神社的独一无二的美,不但与相同爱好者组建了"神社鉴赏会",还出版了《解说神社》等好几本有关神社的书籍,成为神社与石佛的探秘专家;伊奈彦定先生从小就喜欢地上电车(有轨电车),经常不停地在纸上画电车,后来他成为"地上电车画家",出版过名为《电车风景》的绘画集以及插画日历等。这样的例子数不胜数,有很多人都已经将内心萌发出的"纯粹意愿"从小苗培育成材,成功地转化为自己的职业。

需要说明的是,这里列举的例子大部分都来自于《朝日新闻》所载文章和在线搜索。《朝日新闻》的早报上有一个名为"人物"的小专栏,阅读这个专栏的文章时,你会惊讶地发现原来有这么多人都将"纯粹意愿"变为了自己的工作。

为何找不到适合自己的工作?

在这里希望大家留意一点,我在上文提到的一些职业可能有些鲜为人知。恐怕从事这些职业的人,在广大的世界之中只有他们自己,即便还有其他同仁,我想人数肯定也很稀少。换言之,这些人的职业是他们自己"创造"出来的。

我们大多数人面对职业选择的时候,首先想到的是"自己适合哪一种职业",然后从世界上已经存在的职业中选择工作。我们经常在公交车的吊环扶手上看到名为"适职招聘会"的广告,我认为"适职"一词就代表着让自我"适合现有职业"的想法。

经常能听到有人哀叹找不到适合自己的工作,仔细想想,这可能是理所当然的。因为世界上现存的所有职业都是由他人出于自身需要或者根据社会情况创造出来的,从一开始就并非为了适合大众。

● 创造有意义的工作

　　让自己去适应如此而来的这些职业，好比将一些为别人设计的衣服勉强套到自己身上，从某种意义上来说就会很不自然吧。

　　我们不能被规矩平整地收纳到某个职业的小箱子里，我们不是渺小的存在。

　　我们每一个人都比某一个职业要伟大。每次勉强地将自己塞进职业这个箱子里，总觉得自己很重要的部分也被一点一点削掉了。我们要找到避免损失自我的唯一方法，即便工作是箱子，也要按照自己的尺寸去定制，用自己的双手创造出富有生机的"生存空间"。

　　根据日本厚生劳动省[①]发布的《职业分类表》，截至2011年全球大约有17000种得到广泛认可的职业，其中多数是最近50年来的新生职业。

　　例如，如今司空见惯的程序员与系统工程师在50年前并不存在。毕竟最早的计算机问世于20世纪40年代，又过了几十年一般民众才得以接触使用。

　　可以想见，一些新创的职业在50年后很有可能成为比

---

① 日本厚生劳动省是负责日本国民医疗卫生、劳动就业以及社会福利保障的部门。

比皆是的普通职业。

如何创造"只属于自己的工作"？

人们可能会认为，创造新的职业绝非易事。我在工作坊中设置了一个小练习：每位参与者需围绕上一章讨论的"纯粹意愿"，在一张张小卡片上列出关键词，然后将这些关键词自由组合，尝试创造新的职业。

例如，如果你喜欢"喝酒"和"跳舞"，也喜欢"度假"和"闲聊"，那么可以将这几个关键词组合到一起，创造出名为"舞蹈调酒师"的职业。舞蹈调酒师这一新职业类似于汤姆·克鲁斯（Tom Cruz）在电影《鸡尾酒》（Cocktail）中饰演的角色。

另一种方法是通过从各个角度分析"纯粹意愿"，来探索多种职业的可能性。例如，围绕关键词"冲浪"，可以衍生出职业冲浪运动员或冲浪教练，还可以联想到开办冲浪用品商店、制作冲浪板，以及担任冲浪杂志的记者或编辑等多种工作。上述列举的职业都业已存在，但思路可以作为参考。

我们的职业创造也可以从现有职业开始，关键是要尽量与自己的"纯粹意愿"相结合，体现个人特色。

我们举一个例子来说明。比如你特别喜欢听人说话，就可以联想到咨询师这个职业，随后还要继续与其他关键词进行搭配组合，思考要成为哪种咨询师、为什么样的群体提供咨询服务等。

如果关键词是"美丽"，那么答案可能是"美容咨询师"；如果关键词是"吃"，那么答案可能是"食品顾问或营养师"；另外还有，关键词"自然"可能对应"环保咨询"，"孩子"可能对应"儿童心理咨询师"，"老年人"则可能对应"老年人心理咨询师"。

然后，我们还可以将关键词两两随意组合，比如将"儿童"与"自然"结合起来提供咨询服务，或者为"老年人"提供"美容"保养的咨询服务。照此进行，我们将体现自我"纯粹意愿"的词语叠加组合得越多，所创造出的职业就应该越能彰显个人特性。

做这个练习时，要尽可能运用发散思维，才能想象出许多新的职业；此外不要一个人单独思考，而要与其他参与者一起思考。如此一来，在惯性思维模式下绝对无法产生的点子才能层出不穷地冒出来。

第三章 创造有意义的工作——如何凭借"想做之事"谋生？

每次做这个练习时，参与者别具一格的创造力总会令我惊讶，让我不禁在心底里悄悄期待，让工作坊里创想出来的职业改变世界。

【尝试一下】 任务④

通过前面的任务①和②，我们写出了自己的"纯粹意愿"，现在请将这些意愿随意组合，尝试创造新的职业。

请准备若干张名片大小的卡片，在每张卡片上写一个"纯粹意愿"。写完之后，把这些卡片像玩扑克一样排列在自己面前，然后开始尝试各种组合，也许会产生有趣的结果。请尽情发挥你的想象力，大胆创造只属于自己的独特工作，也可以邀请同伴共同创想。

在组合创想的时候，请先不要考虑能否真正从事这样的工作，或者这样的工作能否维持生计之类的实际问题，重点在于要跳出思维的藩篱，让自己自由地想象和创造，这样才能将自己的"纯粹意愿"真正激活。

请将创造出来的工作记录下来，说不定若干年后，你会真正从事着笔记上的工作。

○ 创造有意义的工作

第三副眼镜：工作=适应现有的职位

基于自我的"纯粹意愿"创造新的工作，我称之为"创职"，这是身处心灵时代所需佩戴的第三副"眼镜"。

在物质时代，对于工作的主流看法是"让自己适应既有的职业"，所以现在仍有许多人在寻找着所谓合适的工作。但是到了心灵时代，我们的观念有必要转变为"让工作适应自我"。

是自己适应工作还是让工作适应自我，从字面来看差异很小，但是两者之间却存在着天壤之别。具体来讲，关键的差别就在于认为自我小于工作还是大于工作。

从美国留学归国后，在很长一段时间里，我称自己的职业为"生涯设计顾问"。也许其他人也有和我一样的职业头衔，但是从创造适合自我的工作这个意义来看，这对于我而言就是"创职"。

一说到"创职"，或许大家会认为是鼓励自己创业，其实不然，在公司工作的同时也可以"创职"。

中野民夫先生作为同志社大学的教授，开设了名为"追

第三章 创造有意义的工作——如何凭借"想做之事"谋生？

求极致幸福"的选修课程，最近还通过春秋出版社出版了《每个人的快乐修行》一书。中野先生年轻时任职于知名广告公司，当时曾参加过"创造有意义的工作"工作坊。他发觉对于自己而言，有意义的工作就是以浅显易懂的方式向人们讲述环境与心灵等问题，做一名"生态精神之旅的导游"。

中野先生在广告公司任职期间，不仅利用空闲时间在一所名为"Be Nature School"的自然学校，策划了一系列以"邂逅自然之自我"为题的工作坊课程，还担任过超个人心理学会的理事，他所从事的这些活动都与"生态精神之旅导游"的称谓完全契合。

第三副眼镜

物质时代
工作 = 让自己适应既有的职业

心灵时代
工作 = 创造适合自己的工作

再举一个例子。未满 30 岁的森真依子女士，目前在一家教育公司工作。去年春天，森真女士参加"创造有意义的工作"工作坊时，察觉到自己的"纯粹意愿"是"写信"，于

● 创造有意义的工作

是成立了名为"Tegami CoCo[①]"的个人团体,并利用周末或工作之余的时间,在各地的咖啡店等场所举办"写信咖啡"系列活动。

森真女士的"纯粹意愿"缘起于平生所收到的第一封信,这封信来自于她的母亲,令当时烦恼缠身的她得以解脱。从此之后,通过写信连通心灵,展露更多笑容变成了她继续举办相关活动的动力。

还有这样一个案例,那是十多年前的事了。有一位女士在办公自动化设备销售公司工作,承担办公室运营事务,她觉得"自己的工作很无聊,都是一些端茶倒水、打印文件的杂活,应该有其他的工作能够充分发挥自己的能力",于是参加了"创造有意义的工作"工作坊。

这位女士通过各种练习,探索到自己的"纯粹意愿",并进而明确了自己的生命意义,她发觉自己真正想做的事情是:收集整理散落在各处的信息,简要汇总后可以帮助他人。

当她意识到这一点时,整个人都容光焕发,她突然说道:"如果是这样的话,那我现在的工作也能做到这些啊!"

[①] 在日文中,"手纸"表示信件,发音为"Tegami"。

她当时想到的是，自己首先动手调查办公自动化设备市场的最新动向，搜集新产品以及竞争对手信息等，经过简明汇总后，再提供给本公司的销售人员。她接着表示："公司让我做与营业相关的工作，但并没有说我只能做打印复印、端茶倒水的事情啊，是我自己限制了自己的工作。"

从那时起，尽管这位女士没有换公司，也没有换岗位，但她的工作状态却发生了180度的转变。

最近，我恰好有机会见到了这位女士，便询问她的近期工作。她一边嘿嘿地笑着，一边非常满足地说："我现在主要搜集美国比较流行的商机信息，整理提炼成易于理解的内容后，提供给日本国内想要创业的年轻人。"

也就是说，虽然她的工作内容发生了变化，但本质并没有改变。其实像她这样，从生命的意义出发，找到适合自己的工作也是一种"创职"，无需创业就能实现。

经济复苏也无法增加就业

虽说自己的工作可以由自己创造，但自己创造的工作能否养活自己，就需要另当别论了。即便我们遵循"纯粹意愿"

创造有意义的工作

和生命意义创造了适合自我的新工作，也仍然需要继续回答"怎么凭这份工作吃饭"的问题。有些人清楚自己想做的事，却因为这个问题而止步不前——这样的案例，我也见过很多。

接下来，我想结合自身经验谈一谈"如何将想做之事变成工作，又能凭借其谋生"。在前文中我曾提到，我要求工作坊的参与者根据自我的"纯粹意愿"想出尽可能多的新工作，每当这一练习结束时，很多人想从事的工作都不止一个，我会建议他们"同时"把几种工作都做一下、试试看。此建议一出，大多数人往往都是一脸惊讶，心里会纳闷"这个人到底在说什么"。

之所以有这种反应，我想是因为大多数人都被"同一时间只能从事一份工作"的固有观念束缚住了。

结合目前的情况来看，我们对这个固有观念也应该投以质疑的目光。因为过去做一份工作就可以赚够生活所需，而现在已经变得越来越难了。在泡沫经济破灭前，我们日本的失业率一直保持在2%左右，失业率之低为全球罕见。20世纪90年代之后，失业率开始节节攀升，甚至首次在第二次世界大战以后突破5%。近来可能得益于所谓"安倍经济学"的作用，截至2014年10月失业率低于4%，但距离泡沫经

第三章 创造有意义的工作——如何凭借"想做之事"谋生？

济破灭前的水平仍然遥不可及。

许多人似乎简单地认为，如果经济复苏，失业率就会下降，就业也将相应增加，但是未来的发展趋势未必如此。失业率难以下降的主要原因之一是计算机与信息技术在过去20年中迅猛发展，随着这些技术在各项产业中广泛应用，原来可能需十个人才能完成的工作，现在只需要一个人。于是越来越多的公司开始裁减冗余人员，从而减少人力成本，扩大利润空间。

此外，为了适应大环境的快速变迁，越来越多的公司对雇佣体制进行了调整，从聘用正式员工并加以长期培养的"正式雇佣"模式，转变为根据不同时期所需人才的能力要求雇佣兼职、合同工及劳务派遣的"非正式雇佣"模式。

日本总务省[①]的劳动力调查报告显示，非正式雇员比例在1995年约为20%，此后开始急剧增加，到2003年时超过了30%，现在已逼近40%。

那么，这意味着现在的工作岗位正在经历什么变化呢？

---

① 日本总务省职责范围包括行政组织运营的改善、地方财政、选举、消防与灾难防控、信息通信、邮政、公司团体等。

> 创造有意义的工作

简而言之,"固定工作"将逐步消失。

第四副眼镜:工作 = 只做一份工作

正因为固定工作正在逐步消失,才会产生同时从事多份工作,即"复合工作"的想法。

美国自20世纪90年代以来,企业重组的大潮就此起彼伏,许多人原本追求平稳固定的工作,如今为了维持生活而不得不多打几份工,"身兼数职"成了他们防范生活危机的主要手段。

结果尝试这种形式的工作之后,也有人收获了意料之外的好处。

具体而言,当我们从事一份固定的工作时,对于这份工作和提供工作的公司的依赖度都很大;而从事复合工作后,对每一份工作的依赖程度就会相对降低,自由度反而提升了。

换句话说,如果你只有一份工作,即使那不是自己想做的工作,为了生活你也只得忍耐;但如果你有多份工作,其中一个不是你想做的工作,那就没必要勉强了。

这就是第四幅"眼镜"。在物质时代"同一时间只从事一

第三章 创造有意义的工作——如何凭借"想做之事"谋生？

份工作"是主流观念，但是到了心灵时代，我们的观念有必要转变为"可以同时做多份工作"。

顺着这个观念再进一步讨论的话，就会有人认为既然身兼多份工作，那么其中一项就可以选择自己真正想做的事吧。

当然，最初可能收入微薄，甚至所获无几。但是也有人会想，只要在此期间其他工作的收入能够确保温饱就行，以后再逐渐扩大"想做之事"的收入占比。

假如你同时从事三份工作，刚开始时自己想做的工作只是其中一项，也就是说，不想做的工作与想做的工作的比例为二比一。在这种情况下，即使想做的工作没有收入也没关系，只要坚持做下去，慢慢掌握这份工作所需的知识和技能，收入也会随之增长，接下来只需要相应提高"想做之事"的时间和投入占比就可以了。

第四副眼镜
物质时代 工作 = 同一时间只做一份工作
心灵时代 工作 = 可以同时做多份工作

这样下去就能将想做与不想做的工作的比例，由原本的一比二改变为二比一，再过一段时间就会变为三比零，让自己只做"想做之事"。同时，你所有的生活所需也都将通过"想做之事"获得，从实现成最为理想的状态。

活用"出租车工作"

我能感觉到，很多人可能会认为，"要么做不想做的工作填饱肚子，要么做想做的工作饿肚子"——两者不可兼得。

所以当我提出"做想做之事，还能填饱肚子"的第三种选择时，基本都会听到"那不过是天方夜谭"的回应，而且回应的态度非常坚决。

诚然，对一个一直勉强自己做某项工作来赚钱的人来说，突然之间让他开始做"想做之事"，还要保持相同的收入，可能会过于理想化了。

对于我们大部分人来说，要想要改变现实、实现理想都需要投入大量的时间。考虑到时间这个要素，我认为达成第三种选择的"现实可行"的方法就是同时从事多个工作。

这也意味着将"想做的工作"与"谋生的工作"分开考

第三章 创造有意义的工作——如何凭借"想做之事"谋生？

虑。做想做的工作，不可能一开始就有足够的收入维持生计，但如果因此而放弃想做的事，那也是非常可惜的。

在美国，人们将出于谋生需要，而并非自己真正想做的工作称为"出租车工作（Taxi Job）"。如此命名有两个含义：其一，现实中在类似的情况下，选择做出租车司机的人很多；其二，这种工作的作用如同出租车搭载乘客一样，也可以将自我送达理想工作的目的地。"出租车工作"的特点是工作时长比较固定，但对于何时上班、何时下班等要求又相对比较自由。

我们常常听说，立志当画家的人会选择餐饮服务员或电话客服这种工作来维持生计，空闲时间则用来创作、在街头售卖作品，或者与画廊商议画展事宜。

如此看来，不必为了想做的工作而着急放弃当下的工作，我们需要一个慢慢转换的过程。同时做几份工作，我们肯定会受制于时间，但总比什么都不做要好。刚开始时，为想做的工作投入的时间无需太长，比如一周一天就可以，甚至是几个小时也可以，在起步阶段不必指望其能赚取收入。

无论如何，要想实现凭"想做之事"谋生的愿望，关键在于逐步推进，而且最重要的是，做"想做之事"能滋润心灵，说不定也能对当下所做的工作产生积极影响。

如果你实在不喜欢自己目前的工作，也可以干脆将其归为"出租车工作"吧。

我创造有意义的工作的历程

接下来我想分享一下自己的故事。我从开始做"想做之事"到能够赚到可以维持生计的收入，如果算上留学的时间，前后一共花了三年，这段经历恰恰是我活用"多项工作"策略、实现创造有意义的工作的过程。

29岁辞去工作远赴美国时，我几乎没有积蓄，无论如何都得先赚钱养活自己。但由于签证限制，留学生打工的可选范围十分有限。

左思右想后，我终于找到了适合自己、对自己也有所帮助的赚钱办法：每个月将我在美国学习或搜集的新知识汇编成新闻简报，发送给感兴趣的日本朋友和熟人，同时收取一定的订阅费用。

幸运的是，大多数朋友可能也是想通过这个方式帮助我，纷纷订阅我的简报，所收取的费用基本足够支付每月的

第三章　创造有意义的工作——如何凭借"想做之事"谋生？

房租。除此之外，供职瑞可丽时曾合作过的一家公司也委托我在美国收集信息，他们也会提供一些酬劳。另外，我还在一家培训美国商人如何与日本人做生意的公司担任讲师助理。

也就是说，我当时总共有三项收入来源，但这些都不是我真正想做的工作。我真正想做的是开办"创造有意义的工作"工作坊，作为教练在参与者创造属于自己的有意义的工作时提供辅导与支持。如果一开始就想靠这件事赚钱，肯定行不通，毕竟当时工作坊还在开发设计中，而我也在学习教练技能。

在完成工作坊的课程设计，完成教练学习并获得教练资质之前，我做了三份"出租车工作"，以赚钱确保最低限度的生活水平。

留学结束返回日本之后，在很长一段时间内，我一边做兼职翻译这样的"出租车工作"，一边开始举办工作坊，并提供教练辅导。

随着真正想做的工作所赚取的收入不断增加，我也逐渐减少了翻译工作的比例，并最终实现只依靠"想做之事"支撑生活。

关于"职业组合"的想法

现在,我想引入"职业组合"这个概念,首先请看图3-1。图中"第一象限"指既能做"想做之事",又可以"获得收入"的工作,显而易见这是最理想的情况。

但现实中能够两者兼得的工作并不多见,大部分人对应的都是"第三象限",即所从事的工作"可获得收入,但未必是想做之事"。

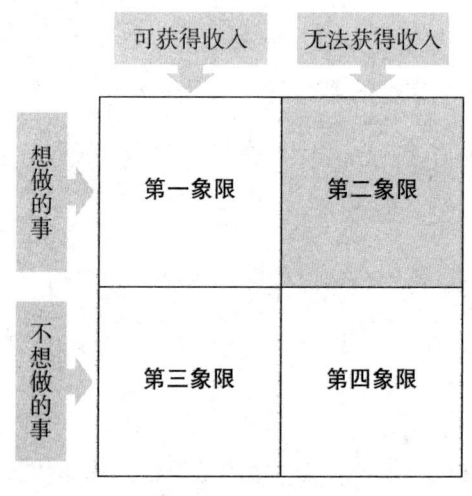

	可获得收入	无法获得收入
想做的事	第一象限	第二象限
不想做的事	第三象限	第四象限

图3-1 职业组合

如果一直维持在"第三象限"的状态,不管经过多久,

第三章 创造有意义的工作——如何凭借"想做之事"谋生？

也不可能找到自己的"天职"。因此，利用业余时间在"第二象限"里探索一下，做一些"无法获得收入，但是真心想做的事"，就非常关键了。

从事任何"想做之事"，开始时由于没有相应实力，基本上都不具备创造收入的市场价值。"兴趣是最好的老师"，如果真是自己内心中最想做好的事，那就坚持下去，随着能力不断提升，假以时日就一定可以带来收入。

当然没人能保证肯定如此，但"与其后悔没做，不如做了后悔"，所以让我们带着"实践之后才知道是否可行"的心态放手试一试吧。与此同时，我们还要继续做好"第三象限"的工作，保持自己的收入水平，所以并不会因为开始尝试"想做之事"就面临生活的压力。

在这个阶段，也可能有的人原本就没有"第三象限"的能带来稳定收入的工作。在这种情况下，你可以一边从事"多项工作"，确保生活所需的最低收入，一边从事"第二象限"里的工作。

从事"多项工作"的方法也适用于"第一象限"的情况，如果只做一份想做的工作无法确保生活所需的话，也可以多做几份想做的工作，让收入总额足够维持生计，这也是一种

创造有意义的工作

解决办法。

与单一收入来源相比，拥有多个收入来源，可以让我们在遇到突发事件时能够从容应对，得以更加自由和创造性地生活。

我将这种由多个职业组合成自己工作的方式称为"天职组合"。

"创造有意义的工作"工作坊里有一位参与者名叫铃木秀亲，他的"纯粹意愿"是玩"大家乐"[①]。我想很多人都喜欢玩这个语言游戏，但铃木先生堪称专业玩家，因为他曾参加过"D1 大家乐大奖赛"并获胜。

起初铃木先生做梦也没想到可以把"大家乐"当成正经工作，他原来的职业是自由讲师，以调动自主能动性为主题，为企业培训年轻员工。这既是他想做的事，也能保证稳定的收入，所以继续把"大家乐"当成业余爱好就挺好。

但铃木先生参加了"创造有意义的工作"工作坊之后，愈发明确自己深藏于内心的愿望是让世界上更多的人了解并感受到"大家乐"游戏的魅力。于是他决定遵循这个"纯粹

---

① 一种在日本比较流行的语言类游戏。

第三章 创造有意义的工作——如何凭借"想做之事"谋生？

意愿",将此作为全职工作,全身心投入其中。

铃木先生首先创办了一个名为"大家乐一乐"的工作坊,传授自己多年积累的双关语言类游戏的诀窍,然后召集了一批游戏爱好者组建了"大家同乐队",又在此基础上成立了"一般社团法人大家乐游戏活用协会"。此外,他还专门针对如何在商务交流中活用"大家乐"语言游戏,出版了一本名为《工作氛围越爆笑,公司越强大的"大家乐"工作法》的图书。

这些无疑都是铃木先生想做的工作,但仅仅如此还不足以使他赚够维持全家生计的收入,用前文介绍的"职业组合"的观点来看,铃木先生的工作正处于从"第二象限"向"第一象限"过渡的阶段。

支撑这个过渡阶段的是他作为培训讲师所赚取的收入。就铃木先生而言,培训讲师的工作并非他不想做的工作——严格来说,不属于"第三象限"——这份工作中既有他能感受到"纯粹意愿"的部分,也有感受不到"纯粹意愿"的部分。随着推广"大家乐"的工作进入正轨,他将会婉拒一些非"纯粹意愿"类工作。

一边从事"多项工作",一边基于自我的"纯粹意愿"创造新的职业,用铃木先生的例子来阐释"职业组合"的概念真是再合适不过了。

做"想做之事",钱会随之而至吗?

为了实现第三种选择——"做想做之事,还能填饱肚子",我已经介绍了"多项工作"的具体方法,但肯定还会有读者心存疑虑。对此我反而敢斩钉截铁地断言:"如果你真心做自己想做的事,就一定能填饱肚子。"

不难想象,如此断言肯定与许多人一直以来的固有观念完全相反。

我并不是这一说法的首创者。美国心理学家玛莎·辛特(Marsha Cineter)著有《做喜欢的事,财富自然来》一书,题目几乎与我的断言一样。这本书在美国相当畅销,书名更是大受欢迎,几乎成了习惯用语。

第一次听到这个说法时,我也觉得是"一派胡言"。然而在遵循"纯粹意愿",创造有意义的工作过程中,我一次又一次不得不承认事实的确如此。

我出国留学时,除了从瑞可丽公司拿到数十万日元的离

第三章 创造有意义的工作——如何凭借"想做之事"谋生？

职补偿金以外，几乎两手空空，生活费和学费都苦无着落，无奈之中才想到了编写发行新闻简报的办法，最终解决了生活费。

到达美国后，我拿到了事先申请的奖学金，因此只需要自行支付正常学费的三分之一就可以了。过了一段时间，朋友所在公司的总裁读到了我编写的新闻简报，他非常感兴趣，并一次性订阅了十份。还有一位咨询公司的总裁给了我很多鼓励和建议，在我向他咨询课余时间的打工机会之后，他竟然每月提供给我一定数额的基金，而且当时没有指定具体工作，名曰"跑腿辛苦费"……

到了留学的第二年，我在学习研究生课程的同时还要学习CTI教练课程，也因此在资金上开始捉襟见肘。

因为想做教练，所以我无论如何都要把CTI的所有课程学习完毕，左思右想之后我采取了两个办法。首先是给CTI的负责人写信，表达了自己申请奖学金的愿望。第二是写信向一家瑞可丽的合作公司求助，希望那家公司的总裁看在私交情面上，能借给我一些钱。

敢于如此请托，真的很需要勇气。特别是第二个写信借钱的请求，实在有些出格，我甚至担心会不会因此而破坏了

创造有意义的工作

之前彼此建立起来的信任关系。信件发出之后，我就有些后悔了，心想"要是没写那封信就好了"。

两封信发出后，一个月过去了都毫无回音，我一边想象着"收信人都气得够呛"，一边也因此而消沉。

又过了一阵子，在我参加教练课程时，CTI 负责人趁课间休息时把我叫到了他的办公室，诚恳地对我说："关于你之前申请奖学金一事，虽然 CTI 从未有先例，但我们感动于你对课程的热情和执着，所以决定为你减免一半学费。"得知这一消息，我真是喜出望外，但仍旧无法毫无顾忌地高兴起来，因为我依然没有足够的钱来完成所有课程。

"好不容易坚持到现在，无论如何都不能半途而废。"我在回家的路上不断给自己加油鼓劲，一开门就听到了电话铃声，急忙拿起听筒，竟然是我写信借钱的那位总裁打来的国际长途。

他在电话中说："不好意思啊，回复晚了。关于借款一事，我想到了筹措的办法，把你的银行账号告诉我吧。"

我没有听错吗？两个请求都有了眉目，竟然还是同一天得到的消息！我难以置信地挂断了电话，悬了多日的心终于放了下来。

第三章　创造有意义的工作——如何凭借"想做之事"谋生？

读者朋友们看到这里，可能都会认为我只不过是一个交了好运的男人，但是这样的事一再发生，仅仅用"运气好"来解释，可能就说不通吧。

毋庸置疑，我能走到今天得益于前文提到的许多人给予的温暖关怀和帮助。但除此之外，我也深信诚恳顺应自我的"纯粹意愿"，并采取必要行动，才是带来好运的最关键因素。如果当初我没有下定决心出国留学，这里所分享的经历也就无从谈起了。

这是"神"的安排

我分享个人经历，并不是出于炫耀。我希望大家也能体会到，如果主动跟随自我的"纯粹意愿"行事，一样会交好运。

这里也需要留意两点。其一，尽管说"钱会随之而至"，但表现方式不尽相同。有的是想到了赚钱的好办法，有的是以奖学金的形式减免了本应支付的款项，还有可能是别人答应借钱给你，又或者是囊中羞涩时恰好经人介绍获得了兼职工作的机会。

◆ 创造有意义的工作

做自己想做的工作，并不意味着钱会从天而降，或是从地里冒出来。

其二，钱不会超出你所需要的额度。我的情况也是一样的，当我思考着"如果有这些钱就好了"，所获得的援助并没有超过自己想要的标准。不过，当我想到"缺了这些钱就难办了"，不知为何，就像前文讲述的一样，我所需要的最低限度的资金，总会通过各种形式来到我的面前。

以前有人这样讲过："当一个人真心想做某件事，并且已经开始实践的时候，与其说这是个人的意志，不如说那是'神的旨意'。因此，如果遵循坚定的意志开始行动起来，对于你所需要的资源（包括人、财、物），'神'都会为你一一安排。"

如果"纯粹意愿"是"神"赐予我们的礼物，为了将"纯粹意愿"变为现实，"神"也会相应给予我们必要的资源，这不是什么不可思议的事。因为如果仅仅是让你动了"想做某事"的念头，之后就对你不管不顾、放任自流，那就太不负责任了。

这种责任到底是什么？那就是发现自己的"纯粹意愿"，并信之行之。"神"通过提供资源的形式来帮助我们，但不能

第三章 创造有意义的工作——如何凭借"想做之事"谋生？

直接代替我们行事。

维持生计到底需要多少钱？

让我们回到现实层面的探讨。做"想做之事"其实并不会很困难，不会像我们预期的那样需要很多钱。每当我在工作坊中倡议大家"做想做之事"时，总会有几个人回答："那样没办法养家糊口啊。"

虽然其他人没有如此直白地说明，但是我相信持有相同想法的人也不在少数。于是我便接着问："那么大家到底需要多少钱来维持生计呢？"很少有人能给出具体的答案，充其量也不过是说："至少得跟现在的收入持平吧……"

让我们深入思考一下：维持生计、养家糊口到底需要多少钱？如果没有达到目前的收入水平，是不是就难以为继了？考虑生计问题时，如果细究一下的话，其实就是要考虑衣食住行等生活必需品加在一起需要多少钱。

人要想活下去，并不需要在衣柜中存放名牌服饰，不必每天都吃牛排，房子也只需遮风挡雨就好，不必住什么高屋华厦。如果不追求奢侈的生活，生活成本可以大大降低。

创造有意义的工作

我并不是想倡导大家要"艰苦朴素",虽然艰苦朴素是一种美德。我只是希望大家对维持生计的标准有现实客观的认识。否则,单纯认为钱越多才越安心,为此一直从事不想做的工作,终究可能会付出更多。

无法从不想做的工作中脱身,久而久之灵魂将变得疲惫,心灵也会愈发空虚。很多人为了填补精神空虚而疯狂购物或大吃大喝,为贪图一时之乐而耗费钱财。然后为了堵住钱财亏空,又不得不继续从事自己不想做的工作,于是就陷入了恶性循环。如此一来,为了消除做"不想做之事"所产生的压力就不得不刻意挣钱。

反之,做自己想做的工作,会因为精神更加充盈丰富,而不会积累太多的压力,也就无需为此而花费大量的钱财。以世俗的眼光来看,我曾经工作的瑞可丽公司可谓薪资优厚,我辞去这份待遇优厚的工作去美国求学,即使将全部辛苦赚来的钱都加在一起,也只有以前工作收入的四分之一。

我租住在独栋房屋中的一个房间里,基本都是自己做饭,趁打折促销时才买衣服,一直都是轮换着穿,但是我却一点都没感觉到自己在刻意节衣缩食,也没有感觉穷困窘迫。

现在不像从前那样,上班时会休假旅游,出去品尝美食,

第三章 创造有意义的工作——如何凭借"想做之事"谋生？

造成精力分散，反而在精神、财务和时间上都感到比较充裕。刚开始做"想做之事"的时候，收入会有所减少，支出水平也会相应降低，取而代之的是获得了更多的时间去做自己想做的事情。

就创造天职而言，确保时间资源充裕远比忙忙碌碌地追求一定的收入水平更为重要。

相比"做什么"而言，"为什么做"更重要

说了不少关于金钱的看法，在本章结束之际，我想再次回到本质的方向进行说明。我认为"真正的工作"不会以固定的形式存在，换句话来说，相比一个人"做什么"而言，"为什么做"的答案则更接近"真正的工作"。

我们来举例说明一下。比如有几个喜欢从事销售工作的人，但如果问一下他们"为什么喜欢销售工作"，具体原因却因人而异。

有的是因为喜欢四处闯荡，有的是因为喜欢跟人打交道，有的可能是喜欢说服他人，还有的是真心觉得自己销售的商品或服务值得向更多人推广。

135

● 创造有意义的工作

这些因人各异的"为什么",相对于"销售"这一工作形式来说,更能说明这个人的天性,更能反映这个人的"纯粹意愿"和生命的意义。

我清楚地认识到这一点的契机是,留学美国时看到了电影《恐惧的色彩》①(未在日本上映),这是一部以美国的种族关系为主题的电影。那天,我听说这部电影的导演美籍华人李满华在附近举办放映会和演讲会,我就报名参加了。

影片本身引人深思,是一部优秀作品,但对我而言,导演李满华个人的经历更具启发意义。他曾经是旧金山东部小镇伯克利的一名普通心理咨询师,然而几年前母亲不幸被黑人男子杀害。当时因为这个悲剧,社区周围的人不仅痛恨凶手,更是对整个黑人群体也充满敌视。

目睹这种状况,李满华反而更加担忧了。他强烈地期望世界上能够"消除种族偏见",希望自己能够为此做一些贡献,在思考如何将这种理念广为传播时,他想到了拍摄电影

---

① 《The Color of Fear》是1994年上映的电影,导演为Mr. Lee MunWah(李满华)。影片通过八名美国白人、两名非裔美国人、两名亚裔美国人、两名拉美人,以及两名高加索白人之间的对话,讲述他们眼中的美国种族关系。(资料来源:IMDB)

的方式。

在放映会的问答环节中,有人提问:"您以前就想做电影导演吗?"李满华回答道:"其实也不是非做电影导演不可,只要能将自己的理念传达出去就行,电影导演只是一个形式和渠道。"听到这句话,我不禁在心里大声叫好,这才是"真正的工作"啊!

李满华导演的分享让我强烈地感觉到,我们总是拘泥于电影导演、心理咨询师等有形的职业名称上,实际上我们希望通过某个工作所传达的信息,远比工作本身更为重要。

有意义的工作是多个工作的有机组合

通过工作传达的信息,即为我所说的生命的意义。李满华导演因母亲被害的不幸遭遇,萌生了"消除种族偏见"的"纯粹意愿",这也同时变成了他的生命意义。他通过三份工作去表达自己的生命意义:第一是作为导演,以种族偏见为主题拍摄电影;第二是在各地举办演讲及研修活动,作为演讲者和讲师,真诚地讲述如何才能消除种族偏见;第三是以心理咨询师的身份,帮助治愈那些受到种族偏见影响的人们。

他就是实践"多项工作"的范例（详见图3-2）。

```
           生命的意义=消除种族偏见
         ┌──────────┼──────────┐
      电影导演   讲师与演讲者   心理咨询师
```

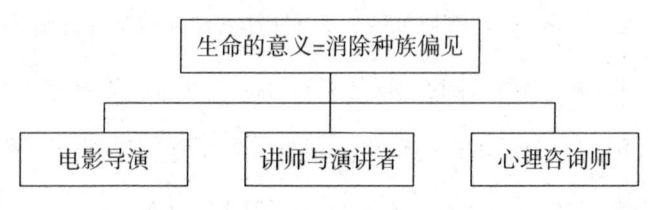

图3-2　李满华导演的有意义的工作组合

值得注意的是，李满华所有的工作都是围绕着生命的意义，即"消除种族偏见"而展开的。同样是做多项工作，与没有共同核心的做法相比，围绕着自己的生命意义，从事具有一贯性的多项工作，更能丰富我们的精神世界。

以我自己为例。留学归国后不久，我就确定了自己的生命意义，即"帮助人们最大限度地发挥与生俱来的潜能"。基于这个出发点，首先要帮助人们明确，做什么样的工作才能最大限度地发挥自身的潜能。因此我组织开办了"创造有意义的工作"工作坊，与此同时我一直通过教练技术辅导支持工作坊的参与者，将自己明确的有意义的工作付诸实践。

此外，为了广泛宣传这一理念，我积极向期刊杂志投稿，到处举办演讲。目前，虽然我所从事的活动范围进一步扩大了，活动形式也有一些变化，但是至今都在持续推进。如此

第三章　创造有意义的工作——如何凭借"想做之事"谋生？

说来，我不仅仅是工作坊的讲师，或是"教练"，也不是单纯的"演说家"或是"作家"，作为实现自我生命意义的表现手段，所有这些不过是传递信息的媒介罢了（详见图3-3）。

```
生命的意义=帮助人们最大限度地发挥与生俱来的潜能
    │         │          │          │
 工作坊讲师   教练      演讲者      作家
```

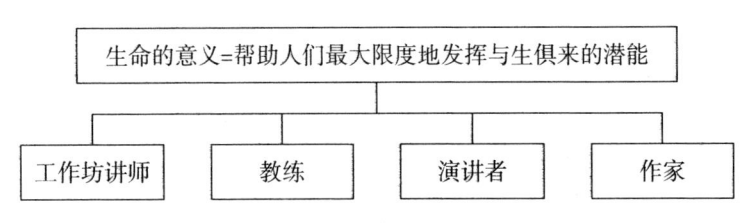

图3-3　我的有意义的工作组合（1999年）

在我看来，"创职"与"多项工作"，究其根本都是形成以自身生命的意义为核心，联接多项工作的组合。这无需固定形态，常变常新、因时而动也没有关系。因为如果把探求自我的生命意义视为工作，随着觉察认知的加深，我们将不得不对表达生命意义的手段进行调整和变化。

而关键在于，尽可能让自己所做的工作都具备一贯性。一贯性越强，越能向周围的人传递出对自己至关重要的生命意义。

这也正是我在介绍第一副眼镜"工作是表达自我的生命意义"时，想完整阐述的根本含义。

如果说，有意义的工作是以生命的意义为核心，由多项

创造有意义的工作

工作形成的组合，即便组合中包含的各个职业并非个人独有，但是从整体来看，这种独特的组合却是非此人不可，是他的专属工作。因此，我才说有多少人就有多少种有意义的工作。

【尝试一下】 任务⑤

　　回过头去，看看你在【尝试一下】 任务④中，根据纯粹意愿列出的工作清单。请结合在第二章结尾处思考得出的生命意义，将符合自己生命意义的工作圈画出来，然后从中将"如果有条件就一定要做的工作"再单独标记出来。

　　希望你发挥自己的想象力，想象一下自己同时从事这些工作的状态，再想象一下，借助这些工作表达出生命意义的自己会是什么样子。

　　想象之后的感觉如何？请将自己的感受记录下来。

第三章 创造有意义的工作——如何凭借"想做之事"谋生？

第三章小结

- 现有职业全部都是他人结合自身情况或社会需求创造出来的产物，所以未必适合现在的每个人。
- 将自身的"纯粹意愿"组合起来，订制自己的专属工作，这一过程我们称之为"创职"。今天创造出来的新的工作将来有可能变成寻常工作。
- 在物质时代，"要适应既有职业"的看法占支配地位，到了心灵时代有必要转变为"要创造适合自己的工作"。
- 在物质时代，"同一时间只能做一份工作"的看法占主导地位；到了心灵时代，有必要转变为"同一时间可以做多份工作"。
- 为了脚踏实地地创造有意义的工作，"同一时间从事多份工作"的做法会对我们有所助益。
- 只有一项工作时，因为收入来源单一，会对这个工作产生非它不可的依存关系。多项工作意味着有多个收入来源，对某一个工作的依存关系也会逐渐消失。同时，在通过

> 创造有意义的工作

"想做之事"赚取能够维持生计的收入之前,我们可以利用"出租车工作"解决生存问题。

▶ 遵循自我的"纯粹意愿",真正做想做的工作时,所需的资金等资源都会自然而然地聚集而来,因为这是"神"的安排。

▶ 做不想做的工作时会产生很多压力,人们往往会通过花钱消费等方式来减压。与之相反,做想做的工作时没有压力需要化解,对于钱财的需求也就不那么迫切了

▶ 相比"做什么工作"而言,"为什么做这个工作"更能代表一个人的"真正的工作"。

▶ 基于生命的意义,构建具备一贯性的职业组合,这样才能传递出自己此生最想表达的信息。

第三章 创造有意义的工作——如何凭借"想做之事"谋生？

"静好生活的实践者"加藤大吾先生
—— 创造有意义的工作故事三

加藤大吾先生，现在40多岁。大约在十年前，他在山梨县都留市的山中建造了自己的家，与太太和四个孩子在很多宠物的陪伴下一起生活。加藤先生一边借助自然的力量耕种，满足一家生活的食物所需，一边又成立了非营利性组织"都留市环境论坛"，并担任理事长，与同伴一起积极热心地开展改善街道环境的活动。

不过这都是加藤先生最近才从事的工作，他在20多岁时创立了名为"地球意识"的公司，长年开展面向儿童的自然体验活动。

到目前为止，加藤先生所从事的各项工作都有一个共同点，那就是"身为生态系统的一份子，要自己体味并传播身处其中的乐趣"。他给公司起名为"Earth Conscious"，也是取其"感知地球"之意。

加藤大吾高中毕业后，为了成为一名体育教练而就读了

● 创造有意义的工作

一所职业学校,暑假期间他在千叶县九十九里海滩做兼职救生员,由此唤醒了他的地球意识。他曾在大雨、台风等极端条件下训练,并出海参与过实际救援行动,好几次都曾面临生死考验。这些经历和体验让他见识了大自然的澎湃力量,愈发体会到地球的神奇和伟大。

与此同时,加藤先生也爱上了登山运动。山与海虽然不同,但如同在大海上搏击风浪一样,大自然所展现出的残酷与丰富越来越令他着迷。

加藤先生从职业学校毕业后,就职于一家向各地体育机构派遣教练的公司,这在当时并不多见。虽然他如愿以偿地走上了体育教练的职业道路,但与心理预期有些反差,这份工作实在是无聊,他在短短半年后就辞职了。

他辞职前不久,曾在一次培训中接触到一家专做野外教育的公司。辞职以后,他希望能够加入这家野外教育公司,可惜这家公司无力正式聘用加藤先生,他只能以志愿者的身份在这家公司先做一些端茶倒水、取送资料之类的杂活。

即便如此,对加藤先生来说,能为这家公司效力也十分开心,每天他都有新发现、新收获,没有收入也不觉得辛苦。随着对公司的熟悉和了解,他逐渐开始参与到野外教育活动

第三章 创造有意义的工作——如何凭借"想做之事"谋生？

中，到了第二年转为实习生，开始领取到微薄的薪水。

等到加藤先生最终成为公司的正式员工，此时距离他登门求职已过去了两年半的时间。此时，他已经能够自己研发和策划活动方案了，在快速发展的公司中俨然成长为独当一面、备受重视的人物。在加藤先生设计的方案中，不仅仅有体验自然的项目，而且更加重视培养参加者的自立自强精神。比如，针对中学生的自行车骑行项目，他就将在何处转弯、如何转弯的决定权交给参加者本人。

不过，相对于这种风险系数高、普适性低的方案，公司的高层更重视那些能被一般大众所接受的方案，因此渐渐与加藤先生产生了分歧。

为了实施自己设计的方案，加藤先生在26岁时自立门户，成立了"地球意识"公司。

但是世上之事哪有"容易"二字，加藤先生创业成立公司后的两三年内，尽管他尝试了各种各样的策划方案，却总是不能吸引顾客，因此而度过了一段艰难时期。

在此期间，某次培训上认识的一位朋友提议："不如去我们家乡成立自然学校，你看怎么样？"朋友所说的地方位于长野县的斑尾，这位朋友还说："镇子上所有未能物尽其用的

创造有意义的工作

设备都可以借给你,你想怎么用就怎么用。"

没有什么理由可以拒绝这么诚恳的建议,接受提议的加藤从零开始建设自然学校,没想到在一年的时间里就吸引了三四千人参加活动。但好景不长,由于学校卷入了地区纠纷,开业一年以后就不得不关闭了。

当时,已经开始思考下一年度策划方案的加藤先生受到了很大的打击,在失意中回到了东京。回顾当年的那段时光,加藤先生说:"那时候,我每天都在唉声叹气,感叹生活真是充满了无奈啊。"

俗话说,"有抛弃你的神,就有拯救你的神"。有一天,加藤先生突然接到了一个电话,电话是野外教育公司的恩师打来的。恩师说:"如果你现在有空的话,希望你能助我一臂之力。"

因为当时日本要举办"爱·地球"世界博览会,恩师请加藤先生帮忙策划其中一个很重要的项目。因为是自己尊敬的恩师需要帮助,加藤先生心想"也许自己还能发挥一些作用",于是就接受了邀请。

没想到在方案实施过程中,这一切变得越来越具有挑战性。恩师找加藤先生帮忙,就是因为完成项目所需的资金、

第三章 创造有意义的工作——如何凭借"想做之事"谋生？

时间和人手都远远不足，在博览会开幕前数月时间里，加藤先生几乎是不眠不休，天天加班加点，甚至还自己拿起木匠的工具，干起了设施搭建和走线布线的工作。

在加藤先生的辛苦努力之下，这个项目得以在开幕式之前竣工，包括恩师在内的很多人都向加藤先生表达了感激之情。加藤先生说："其实我自己也收获了很多，像当时那样拼命努力工作的状态，估计这一辈子都绝无仅有了，我也因此而变得特别自信。"

实际上，这一段经历以让人意想不到的方式影响了加藤先生的人生。

加藤先生一直梦想居住在森林里，从斑尾返回东京后，他为了找到理想居所，曾在关东地区搜寻了一圈，最终找到了现在山梨县都留市的一片土地。因为购买土地几乎花光了所有积蓄，加藤先生不得不自己动手建造房子，在"爱·地球"博览会上积累的经验此时也派上了用场。博览会项目的伙伴们都非常钦佩加藤先生奋不顾身的工作精神，在博览会闭幕后，他们纷纷赶过来帮助加藤先生实施自建房计划。有人出力，有人出材料，有人出工具……很快就凑齐了建造房屋所需要的资源，转眼之间房子就建好了。

○ 创造有意义的工作

总而言之,通过筹备博览会期间的工作,加藤先生在自己的周边构建起了"人群生态系统",这也让一些最初感觉不可能的事情变成了可能。

在起名为"加藤家"的自建房中开始生活以后,加藤先生对"成为生态体系组成部分"的感觉愈发强烈。他在附近租了一些农田,取得了农民资质,开始了小规模的农业耕作。

加藤先生说:"看到自己亲手栽种的蔬菜和谷物茁壮成长,真的非常让人感动,今后我还想在院子多养一些鸡和羊等家禽家畜。"

"我看见了幸福的样子,我养的羊卧下来吃草,旁边有一些小虫子飞来飞去,小鸡为了抓住虫子跳到了羊背上,旁边的女儿正在帮忙铺稻草,这时对面传来了妻子喊家人吃饭的声音,这样的时光让我领悟到幸福的滋味。"

虽然不同物种之间无法用言语交流,但所有物种既以自己的方式存在,又彼此相连。加藤先生希望自己能践行这种充满幸福感的生活方式,因而以"静好生活的实践者"自居。

不过,如果仅仅止步于自己及家人的幸福,那充其量就是只顾自己满足。因为想去做一些仅凭一己之力无法完成的事情,四年前加藤先生成立了非营利性组织"都留环境论

第三章 创造有意义的工作——如何凭借"想做之事"谋生？

坛",将"为保护地球环境而再造城市"和"继承发展地域文化"确立为论坛的两大宗旨,并积极开展活动。

为什么要"再造城市"?因为加藤先生认识到城市是生态系统的一部分,而包括自己在内的所有人也作为同一生态系统的组成部分在城市中生活。

目前,这个非营利性组织共有五名成员,他们的独特之处是组织的运行方式。一般组织采取的都是先整体决定实施事项,之后再分配给成员推动落实的方式,而在这个非盈利组织里,每个成员都可以申请自己想做的事,只要符合上述两大宗旨即可,然后大家再一起讨论如何实施,在相互合作中推进工作。这种运行方式是加藤先生提出的,他认为论坛组织本身也是生态体系的一部分。

"从家庭到组织,从城市到国家,乃至拓展到整个地球,在所有层面上,对生态系统的感知都与人们的幸福紧密关联。我始终保持着这种信念并投入到每天的活动之中。"

第四章

共鸣行动——
创造有意义的工作,从何做起?

第四章 共鸣行动——创造有意义的工作，从何做起？

所有的现实都存在于理想之中

在上一章中，我介绍了"创职"和"多项工作"的概念，同时阐述了如何才能创造体现自我生命意义的工作，本章将更加深入地探讨如何推进"创造有意义的工作"的实践进程。

不知道读者读到此处，会认为本书的内容是"贴合实际"，还是"近乎理想"？恐怕很多人头脑中的回答都是"你说的道理都能明白，现实可不会那么容易吧"。

所以我想在介绍"创造有意义的工作"的实践步骤之前，先分享关于理想和现实的一些思考。

年轻时，每当我说起自己的"理想"，总会听到周围人的劝告声——还是现实一点儿吧。大家可能都有类似经历吧？如果我们仔细想想，现在眼前所见的"现实"，大部分都是往

创造有意义的工作

昔的"理想之物"。

以飞机来举例说明。我们旅行和出差时乘坐的飞机，如今已司空见惯了，但是在1903年莱特兄弟首次成功实现由人操控的动力飞行之前，"飞机"一直都是世人的"理想"吧。

正是因为有人梦想着"像鸟儿一样在空中飞行"，不断探索尝试，飞机才得以发明。火箭的发明也是如此，100年前，当人们欣赏夜空中的美丽月亮时，谁也不敢相信人类有一天能够登上月球吧。历史的发展已经证明，人类因为拥有理想而迸发出伟大的力量。

俗话说，"凡事皆为二次尝试的产物"，我们最初的尝试都是在脑海里，之后才会在现实中成形。

想想建造房屋的过程，可能更容易理解这种说法。人们建造房屋时，都不会毫不思量就动手蛮干，而应该首先画出设计图，再动手开工。

也就是说，人创造出的现实，原本都是理想，今日之理想，即明日之现实。有人希望夜间也有光明，才催生了电灯的发明。如此想来，我们可以说所有的现实都曾经存在于理想之中。

第四章 共鸣行动——创造有意义的工作，从何做起？

佯装"成年人"的代价是什么？

每当人们说"现实一点"的时候，还常常会搭配一句"像一个大人的样子吧"。换句话说，我们大家都认为长大成人就"要更现实"，可是当真如此吗？

不少美国原住民都认为，所谓"大人"就是"具备一定视野的人"。因此，当部族里的青年到达人生的某个阶段时，就必须单独一个人走进大自然，废寝忘食地拼命找寻属于自己的视野。只有通过了这个"追寻视野"的仪式考验，青年才能被部族民众视为可以独当一面的成年人。

他们所定义的"视野"是指一个人"希望世界成为什么样子"，并愿意为此"发挥什么作用"——既是一个人的愿望，也是他描绘出的理想。如果按照这个标准审视我们的周围，到底能有几人堪称"大人"呢。

说要"现实一点"的人，最初也并不是立场坚定的"现实主义者"。他们年轻的时候也同样拥有理想，也曾经努力追寻过，可惜被周边自诩为"大人"的人以"现实"为由施加压力，不得不违心地将理想深埋。这种慢慢失去理想、接受现实的人，在我们身边肯定不是少数吧。

如果这个"理想与现实"的循环不断重复下去，那么美国原住民所定义的"大人"或许将成为稀有"动物"。

请各位思考一个问题：埋葬自己的理想，佯装成"大人"，我们要付出什么代价？

这些代价应该有很多，不仅让我们失去了实现梦想、理想成真的喜悦，也失去了帮助他人的机会。如此压抑内心的渴望，从某种意义上说也是对自我的背叛。

夸张一点说，埋葬理想，佯装"大人"，会让自己一直不得不背负着背叛自我的"心灵十字架"，我认为这才是最大的代价。

小心"恶魔的窃窃私语"

其实，大部分人背叛自我、放弃理想的原因并不在自己身上，所以只要能够找到找准这个"原因"，就能打破束缚，解放自我。

那么，导致我们过分现实的原因到底是什么？

我将其称为"恶魔的窃窃私语"。比如，我们经常会听到

第四章 共鸣行动——创造有意义的工作，从何做起？

类似的声音——做那种事根本就是白费力气；一直以来，我们每次开始新的计划，不都是以失败告终吗；很多人都做过这件事了，你现在才开始，太迟了。每当我们想顺应自己的"纯粹意愿"，向梦想进发时，头脑中好像就有一台坏掉的录音机，不断播放这些"恶魔的窃窃私语"，时刻传递充满否定的信息。

听到这样的信息，即便是干劲十足的人也会突然失去斗志、迷失方向。大家也曾有过类似的经历吧。

为什么这种信息会出现在我们的脑海中呢？

或许这个原因听起来会有些意外，因为脑海中出现这些信息，并不是要伤害我们，而恰恰是为了让我们免受伤害。

在这些信息当中，有很多是我们在孩提时代就经常听到的，从自己的亲人或周边的大人那里听到的。

"想当律师吗？那可得再聪明一些才行。"

"你要当女演员？别再做梦啦，跟你一样想当演员的人太多啦。"

……

在我们记忆当中，应该都听过类似的话语吧，说这些话的人其实并没有恶意，只是不希望我们因为挑战失败而遭受打击，基本都是出于"父母之心"的关爱。

但问题是，这些话语所传递出的信息却与说话者的本意相悖，仿佛一直有一个否定的声音在我们脑子里徘徊，最终演变成"恶魔的窃窃私语"。

原本是出于一片好意的关怀的话语，反而转变为抑制个人发展的压力，这真是太讽刺了。

心理上战胜恐惧的方法

"窃窃私语的恶魔先生"只有一个意图，即时刻监视我们，阻挠可能发生的变化。追寻梦想或理想，就意味着要脱离习以为常的现状，做出某种改变。

改变势必会伴生风险。一般来说，改变越大，面临的风险也会越大，失败乃至受到伤害的概率也相应越高，这正是"恶魔先生"害怕的结果。

但是没必要因为"恶魔先生"感到害怕，我们就跟着一起胆怯。当心里感到恐惧时，我们要想清楚，这不是自己的心声，而是"恶魔先生"在害怕，我们要以客体取代主体，转移恐惧心理。

第四章 共鸣行动——创造有意义的工作,从何做起?

打个比方,如果脑海里闪过"我什么事都做不好"的念头时,请马上告诉自己——好啊,"恶魔先生"害怕了,以此来驱除内心的恐惧。然后在心里对"恶魔先生"说:"谢谢你的好意,我知道你是为了保护我,可是无论付出什么代价我都想做这件事。"

这看上去像是哄小孩儿的伎俩,但已经被多位心理学家证实有效。

"恶魔的窃窃私语",这是我自己起的名字,不过其所代表的理念却并非我的发明,不同心理学家赋予这一理念很多不同的名称,例如"Family Message"(家人传言)、"Negative Tape"(如同录音带一样反复循环的负面话语)、"闲话匣子"(经常在脑海中出现的没用的闲话)、"内在批评家"(总是批评这个不行,那个也不行)等。尽管用词不同,但就这种心理机制而言,基本看法都是相对一致的。

顺便说一下,在我所学习的教练技巧中也十分重视这个概念,将其称之为"心魔"(阻碍自己从事"想做之事")。

这类概念的落脚点在于,当我们追寻梦想,沿着理想之路前进时,只有将肯定出现的恐惧感从主体转移到客体,我们才能避免被恐惧同化。

否则，我们自己也将变成恐惧本身，再也无法向理想前进。反之，如果将主观的恐惧想成是客观的"恶魔的窃窃私语"或"恶魔先生"，就能拉开恐惧感与自我的距离。

【尝试一下】 任务⑥

在你的心中，常常回响起何种"恶魔的窃窃私语"呢？当你开始做"想做之事"时，头脑中会听到什么声音？请将想起来的信息全部记录下来。

以后，每当脑海中浮现出你所记录的信息时就打开笔记本，在相应信息旁边写"正"字，以此来计算出现的次数。如果在此期间还出现了其他不同的负面信息，也要重复上述操作。

这样就能使"恶魔的窃窃私语"暴露出来，减轻它的威力。在这个练习结束后，也可以感受一下，内心的恐惧感出现了什么变化。

人们往往想对"纯粹意愿"有所贡献

那么，我们应该怎么做，才不会受困于"恶魔的窃窃私

第四章 共鸣行动——创造有意义的工作，从何做起？

语",创造出有意义的工作呢?

首先,找一个人聊聊你的"纯粹意愿",这听起来好像很简单,其实这是一个伟大的开始。

在我的工作坊上,当学员开始提出想做什么工作的想法时,我会将他们几个人分成一组,让每一个人轮流说出自己实际上想做的工作是什么。一人讲述之后,其他学员要提出具体的建设性意见,帮助发言的学员更接近自己的梦想。

请各位想象一下,当有人诚恳地告诉你"我想做某件事"时,你会有什么想法?这时候你恐怕会很自然地想到"有什么我可以帮上忙的地方"。

当有人诚恳地对我吐露"纯粹意愿",表达想做某件事的愿望时,我会尽我所能助其一臂之力。我认为人人生来皆有这样的特质。

当然,受一些传统观念的束缚,再加上牵扯到利益关系,也许有一些人不会生出助人的念头。这也是一种"恶魔的窃窃私语",人人内心深处其实都有相互扶持,让彼此实现梦想的意愿。

事实上,我每次在工作坊开展上述活动时,学员们都会为彼此提出各种充满正能量的有指导意义的建议与鼓励,热

创造有意义的工作

心程度超乎想象。

也许"纯粹意愿"本来就蕴含引导人性的力量，只要我们与他人分享"纯粹意愿"，就会搜集到有助于实现愿望的信息或建议吧。

惊人的共鸣力量

我到美国留学后不久，在参加某个工作坊时也做了类似的练习，令我体会到了共鸣的惊人力量。

我对当时的情景至今记忆犹新。活动开始时，我右手边邻座的女士第一个与我交谈，她看起来很文静，她的梦想是创作以自然为主题的小说。其实她曾经带着自己的作品找过两三家出版社，但是都被退稿了，此后她便丧失了自信，再也不写小说了。

当时，坐在我左手边的女士看上去很懂人情世故，她马上说道："其实我是绿植软装设计师（主要工作是基于店铺装潢的需要，点缀布置一些观叶植物），最近有出版社的朋友希望我能创作一本向大众普及观叶植物知识的图书，但我自己不擅长写作，不知您是否愿意参与我们这个项目？"

第四章 共鸣行动——创造有意义的工作，从何做起？

听到这样的邀约，小说家女士喜出望外，自己几乎都要放弃的梦想，竟然以如此意想不到的形式朝实际成果迈进了一步。

相互帮助并没有到此结束。有一位男士坐在我正对面，一直紧绷着脸，到最后也不太想吐露自己的梦想。这位男士想出了蕴含商机的新点子，希望能付诸实施，但是很担心说出来以后自己的创意被盗用。

不过只有自己一个人沉默终归不好，他最终说出了自己的想法，令人意想不到的是，那位小说家女士向他提供了很有用的信息。

原来，这位男士想把房子装修时剩下的大理石边角料做成珠宝首饰，刚好小说家女士有亲戚做石材生意，于是答应介绍两人认识。

直到此时，这位男士的表情才从一脸严肃转为笑逐颜开。

说到这里，我的脑海中浮现出了前文提到的一种体会——当一个人鼓足勇气说出自己真正想做的事时，有助于实现梦想的信息便会接踵而来。

然而吐露梦想并非想象中那么简单，因为越是发自内心地认真对待，就越会担心出现下面几种情况：如果别人认为我是笨蛋，怎么办？如果被拒绝了怎么办？点子被盗用了怎

创造有意义的工作

么办？心中的恐惧与不安就会明显地浮现在脸上，开口时也就变得更加犹豫不决。

可一旦你说出口，就会出现刚刚举例说明的情景。你的"纯粹意愿"公开以后，就会像磁铁一样将他人脑海中的信息与想法吸引出来，化为襄助梦想的力量，我将这种现象称为"引发共鸣"。

【尝试一下】任务⑦

什么事是你很想做，却一直没能实现的？

请鼓起勇气告诉别人，比如在一周之内至少告诉五个人，而且不要轻描淡写地告诉对方，最好是传达出"真心想做某件事"的强烈愿望。

然后，注意自己的想法让对方产生了什么共鸣，也许没有立竿见影的效果，也许倾听者没有实质性反应，即便如此也要留心观察一段时间，看看是否会出现对实现梦想有利的信息。

如果出现了让你感到共鸣的信息，请一定要详细记录下来。

第四章 共鸣行动——创造有意义的工作,从何做起?

"微不足道的信息"也能改变人生

依靠引发共鸣而搜集得来的信息呈现出各种各样的形态,既可以是经人介绍的能起到帮助作用的人,也可能是某个场所;既可能是图书、报纸、杂志上登载的消息,也可能是不经意间听到的信息,或者是一些人的创意想法和专业知识。

可能有时"纯粹意愿"不会立即产生共鸣,会存在一定的时间差,比如有些人会在一段时间以后跟你说:"你之前说过的那件事,我最近得知了一些相关的消息,不知道现在对你还有没有帮助?"

这种情形下得知的消息,未必和上文所讲述的例子一样产生柳暗花明的效果,更多的内容也可能微不足道,但就是这些微不足道的信息也有可能改变我们的一生。

接下来,我想再说一些自己的经历。记得还在瑞可丽集团上班时,我向一家合作公司的老板倾吐了想要出国留学的"纯粹意愿"。这位老板当即就介绍了一位再就业辅导公司的老板给我认识,还诚恳地说:"不知道能不能帮到你,不过他是一个很有趣的人,你去见一面吧,总会有收获的。"

我不清楚再就业辅导与留学有什么关联,但仍然安排时间前去拜访。在交谈过程中,我同样将自己想留学的心愿告诉了这位新认识的老板,结果他说:"我有一位朋友专门做留学咨询,他一定可以帮助你。"于是,我再次认识了新朋友。

和新朋友见面以后,我依然谈及留学,他说:"我认识一位与你年纪相仿的朋友,也打算今年留学,你可以跟他聊聊。"新朋友又一次帮我牵线搭桥。

最终我与辗转多人介绍认识的朋友见了一面,原来他已经申请了位于美国旧金山的一所研究生院。当时只要一提到留学,我就会想到攻读工商管理硕士(MBA),便鲁莽地问他:"你是去加州大学伯克利分校,还是去斯坦福大学?"这位朋友平静地说:"我选的研究生院没什么名气,全称是加利福尼亚整合学院(California Institute of Integral Studies),简称CIIS。"

我又接着追问:"你读什么专业?"他回答是组织发展。紧接着他的解释令我怦然心动,他说:"这个专业不是针对组织的,而是探讨基于人的组织发展理论。"

最终由于这次相遇,大约两年后我辞去了工作,申请赴

第四章 共鸣行动——创造有意义的工作，从何做起？

美留学，前往同一所研究生院攻读组织发展，这便是我抓住一系列微不足道的信息所得来的结果。

也正是这一系列微不足道的信息彻底改变了我的人生，如果当时我没有前往 CIIS 留学，就不会有产生"创造有意义的工作"的想法，更不会接触到教练技术。

每次我说起"微不足道的信息改变人生"时，总会举牛顿的例子。众所周知，牛顿生于 17 世纪，是第一位发现万有引力定律的物理学家。牛顿发现这一定律的经过可谓家喻户晓，当时牛顿正在苹果树下出神地思考一些问题，突然从一颗掉落的苹果身上获得了灵感，受到了启发，并逐渐总结归纳出万有引力定律。

"苹果掉落"的现象看似平常，也可以归类为"微不足道的信息"，却从此彻底改变了牛顿的人生，也逐步改写了世界的历史。

发现充满世间的共鸣

牛顿的故事其实隐含着另一个与共鸣有关的重要内容，即共鸣未必来自于人。启发牛顿灵感的共鸣来自于"苹果"，

> 创造有意义的工作

苹果掉落本身并没有特殊意义，可牛顿却能从一件日常小事中引发出有重大意义的信息。换句话说，苹果作为一个信号，作为一种象征，让牛顿产生了共鸣。

凝神观察周围的世界，我们会发现自己身边充满了此类信号和象征。我们赋予这些信号和象征什么意义，推导出什么信息，这完全取决于我们自身。

比如，你想参加某个讲座，而且需要连续数周时间，当你查看自己的行程表时，发现近段时间刚好有空。又比如，我们边走边思考问题，正在为某件事而犹豫不决时，突然背后刮起一阵风，把你往前推了一下，也许这个暗示就会促使下定决心并做成这件事。

或许有人认为，共鸣是把自己想做的事说出来，然后安心等待有用的信息出现就可以了。但实际上，共鸣并不是被动的，反而应该更加主动，包括他人给予的共鸣和自然界有象征意义的共鸣，我们应该有意识地去追寻各种形式的共鸣。

有人会问："面对那么多声音和现象，我们怎么才能判断什么是共鸣，什么不是共鸣呢？"我的回答是——倾听自己内心的声音。

我在本书第二章说过，每个人内心深处都明白自己想做

第四章 共鸣行动——创造有意义的工作，从何做起？

的事，这个道理同样适用于辨别共鸣。创造有意义的工作应该遵循哪些步骤？这个问题的答案也在每个人的心中。

只可惜由于"恶魔"时不时窃窃私语，让聆听内心声音变得有些艰难。因此，当我们获得他人给予的信息时，别着急否定自己，也别着急过滤信息，我们要敞开心扉，接受所有的共鸣，然后再决定下一步的行动。

以共鸣为指针，先行动起来

到这一步，你已经倾听了内心的声音，向他人吐露了自己的想法，也仔细梳理了搜集和积累的信息。做到这些，就可以创造有意义的工作了吗？是不是还少点什么？的确如此，接下来必须基于自己搜集积累的信息开展行动。没有行动，就必然没有改变，这是理所当然的。

不过说到行动，如果盲目乱动也不可能创造出有意义的工作。如果行动毫无章法，只能事倍功半，毫无收效。那怎么做才行呢？开始时有没有行动指南呢？我认为心中的共鸣就是指南。

如果你通过共鸣搜集到一些信息，那就先行动起来。比如，有人给你介绍了新朋友，那就尽快见面；了解到一些新的学习和交流平台，那就马上去看看；有人推荐了相关书籍，那就买来阅读；有人传授了新的知识，那就学习消化；有人给出具体的行动建议，那就尝试进行实践。

不管三七二十一，先行动起来的态度才是关键，很多人都是因为犹豫不决而丧失良机的。原因何在？

原因就在于"恶魔的窃窃私语"不时在脑海中作祟，所以我们务必对"反正做那些也没用""晚点做也没关系""这件事太麻烦了"之类的"恶魔私语"保持警惕。

此外，到了行动阶段以后还会出现另一种"恶魔的窃窃私语"——如果开始尝试以后，你发现这并不是自己想做的事，该怎么办？

其实"恶魔的私语"总是夸大其词。面对这种质疑，我的建议是刚开始行动时不要大张旗鼓，可以先从"微不足道"的小事做起，比如出门办事时顺便到书店买书，或者先打电话咨询一下。

付诸行动时先从小事开始，如果发现其与自己的"纯粹意愿"不符，再调转方向尝试别的方法也比较方便，至少前面的行动能够明确"不想做的事"，这已经是很大的收

第四章 共鸣行动——创造有意义的工作，从何做起？

获了。

反之，如果总是站在岔路口犹豫徘徊，思考着"往哪里走才对"，而一直裹足不前，那就永远不会有开始，也不会有任何收获。

这就好比我们要去一所学校学习一项技术时，总要花费一些时间和金钱。但是无论如何，既然有心动之处，就要朝着某个方向踏出一步，先试试看。踏出一步，就能在实践中有所领悟。

在我过去读过的书中，早稻田大学名誉教授、心理学大师加藤谛三先生如此写道："扣子扣错，解开就好。"

大道至简，诚如斯言。加藤教授还说："如果你比别人绕了远路，不就表示你可以比别人活得更长久吗？"针对总爱说"万一方向不对怎么办"的"恶魔先生"，教授此言堪称一剂良方。

"是孤独扼杀了梦想"

在"创造有意义的工作"工作坊里，每个人要介绍自己将来想从事的工作，依靠共鸣从身边的同伴处获取信息与建

创造有意义的工作

议，最后依据这些建议和自己的思考来制定行动计划。不管计划中的"行动"多么细小，也没有关系，我通常要求学员先考虑一件能在一周内完成的事。比如前文列举的一些事例，与别人介绍的新朋友见面，前往朋友推荐的地点参观，或者阅读相关的书籍等，总之要从可以"先行动起来"的事开始做起。

这个环节一般不是一个人单独完成的，我会让两个人结成对子，彼此协助、共同思考，而且伙伴之间必须要约定好，一周以后要互相汇报是否完成了行动、取得了什么成果。每当我说完这个要求时，学员们总会面露惊讶，心里一定会问："天啊，要做到这种程度吗？"

为什么要做到这种程度呢？答案与本书第二章中说到的"人无法做想做之事的四个理由"中的第四项——"没有支持我们做想做之事的环境"有关系。

学员们参加完工作坊的活动以后，就会回到家、回归日常的工作生活之中，此时总会有一股强大的力量将他们拉回"现实"。

"想要创造有意义的工作？这是在说梦话吧，你还是现实一点吧。"

第四章 共鸣行动——创造有意义的工作,从何做起?

在本章开头描述过的那些话语可能又会在耳边响起,参加工作坊时偃旗息鼓的"恶魔私语"恐怕也会趁虚而入,再次兴风作浪。

若非心智强大、意志坚定,一个人独自面对这种情况时一定很快被打败。

正因如此,我才会为参加工作坊的学员们创造再次交流、彼此鼓励的机会,如果双方都觉得对自己有帮助的话,我建议学员们继续保持这种交流的频率。

最近,我在这种交流机制的基础上又增加了一个环节。在工作坊结束后,我让所有学员组成一个交流群,让学员利用群聊的方法继续彼此支持。在群里,学员们不仅要报告自己的行动结果,互相督促行动,也会继续提出新的建议。这样一来,在课程完结后依然能够持续产生许多共鸣。

我在工作坊结束后会向有需要的人提供教练指导,也同样是出于这个考虑。

美国知名职场咨询师、作家芭芭拉·沙阿(Barbara Shah)曾说:"是孤独扼杀了梦想。"从这个意义上来说,为了让梦想不再止步于梦想,为立志创造有意义的工作的同伴们创建一种互相支持鼓励的体制是不可或缺的。

创造有意义的工作

> 【尝试一下】 任务⑧
>
> 　　通过**尝试一下任务⑦**,你向他人吐露了自己内心中真正想做的事,依靠共鸣搜集了一些信息,请借助这些信息,尝试在短时间内付诸实践吧。
>
> 　　即便是一件小事,也没有关系,要尽量想好一件可以在一周之内完成的事。
>
> 　　在开始行动之后,发生了什么事,你有什么觉察?一定要留心观察和体会,然后把这件事记录下来。

许下承诺,"神"也会感动

　　无论是多么微不足道的行动,都可以成为自己的"启动资金",关键在于开始尝试,让自己先行动起来。我为什么会认为这一点如此重要呢?当然,没有行动的话,所有的事情都不会开始,不过其实际原因并不仅限于此。

　　开始行动意味着我们为"纯粹意愿"许下了承诺,下定了决心,说得更通俗一点,就是横下一条心了。一旦我们许下承诺,并且有履行诺言的决心,就会激发起自己和身边人

第四章 共鸣行动——创造有意义的工作,从何做起?

的一系列支持行动。

此处,我想跟读者们分享一段我非常喜欢的文字,出自苏格兰探险家威廉姆·H. 默里。

许下承诺之前,人人都会心生犹豫,总想退缩或回头,也肯定会遭遇不顺。但是不知道有多少出色的想法和计划付诸东流之后,我们才能明白一个真理——一旦下定决心、兑现承诺时,上帝也会出手相助。人们会发现从付诸行动的决定开始,各种意想不到的好运都会相继降临,可用之人、物、事,令人难以置信地接踵而至。

诚如默里所言,当一个人立志兑现承诺时,就会发生让人难以置信的事,走向未来的行动法则,似乎早已存于宇宙之中。信奉科学规律的人,或许难以认同这种关于命运的说法,但如同曾引发热议的"吸引力法则"一样,很多人都以不同形式体验过这些法则。

我很喜欢《牧羊少年奇幻之旅》这部小说,这本书在世界范围内长期畅销,作者是巴西人保罗·柯艾略。书中描述了一位牧羊少年舍弃原本安定的工作,为了寻找梦中的宝物

> 创造有意义的工作

而开启了一段漫长旅途,小说所要表达的核心思想是"为顺应自我的纯粹意愿而活",这点非常重要。

在书中,柯艾略借一位神奇老人之口说出了这样一句话:"当你强烈地希望得到什么时,整个宇宙都会合力助你实现。"当然,我们不能仅仅停留于心愿,必须要行动起来,像小说中的牧羊少年一样鼓起勇气,离开熟悉的舒适区,奔向陌生世界,开始探索之旅。

若想有所得,必先有所弃。这就是许下承诺的要义所在。

"Give up"吧

需要澄清的是,我并不是鼓励各位读者一定要辞去现在的工作,或者抛家舍业踏上流浪之旅。这里所谓的弃,其舍弃的并不是有形之物,而是一直以来紧紧束缚我们的一些想法或观念。

例如,丢掉"反正不会成功"的想法,可以告诉自己:"如果不知道结果如何,先试试看吧。"能拥有这种想法,就相当于做出了开始行动的承诺,更为关键的是,我们要跳出思维习惯的藩篱。

第四章　共鸣行动——创造有意义的工作，从何做起？

人人都在意结果。"如果失败了，那该怎么办？"这是大多数人都会浮现于脑海中的问题。考多少分，赚多少钱，工作多久才能出人头地等，这些所谓的"结果"，让我们自然而然地习惯了据此计算生命的意义。不过，这些结果真的如此重要吗？

相对于结果而言，我们做事的"目的"，以及为了实现这个目的而采取的一系列行动和努力的过程，是不是应该更为重要呢？

过分执着于结果，恰恰是不幸的由来。如果你在意结果，就意味着心有所求，就会萌生出"希望是那样"或"不那样就不行"的念头。

然而事与愿违的情况会更为常见。结果属于未来，而且受制于很多客观因素，不以人的主观因素为转移，所以我们往往无法掌控。俗话说"不打开盖子，不知其内涵"，一些人哀叹"人生不如意"，或者陷入走投无路的窘境，可能就是因为他们太在意结果。

那应该怎么做才好呢？

我的答案是学会"Give up"，这个词组一般都会被翻译为"放弃"，但我的理解略有不同。

创造有意义的工作

"Give up"这个词组是由"Give（给予）"和"Up（上方）"两个单词组成。换言之，如果从字面意思解释的话，它可以理解为"给予上方"。

这里的"上方"又是指什么呢？

我认为可以理解为上天、神、宇宙或者造物主等，我并不是想宣扬有神论或者宗教思想，只是将心中寄托赋予一个名称。因此，"Give up"的意思就可以理解为"拜托上苍"。

这并不是简单放弃的意思，而是要舍弃自己对于结果的执念。我们常说"尽人事，听天命"，也是强调要竭尽所能，做自己该做的事，至于结果如何，还是"听天命"吧。也就是说，我们只要努力尝试就好，剩下的事就交给客观规律来评判，这句话最能表达"Give up"所传递的精神。

有如神助

我想与大家分享一个"许下诺言，然后为兑现诺言而积极行动，神也会出手相助"的自身体验。在第三章中，我说自己为了完成教练课程，向CTI申请奖学金，还向熟识的公司老板借钱，结果两个愿望都在同一天实现了。这已经能够

第四章 共鸣行动——创造有意义的工作，从何做起？

说明冥冥之中如有"神"助了，后来又发生了一件事，则让我更加坚信这是"神"的反馈。

要取得教练资格，必须要完成为期半年的高阶课程。但是学习高阶课程除了要支付相应学费之外，还需要满足一项更为严苛的条件，即必须至少有五位客户愿意付钱接受我的教练辅导。

一般情况下，我们都是在取得某种职业资格之后，才开始去寻找或挖掘客户，但是教练工作最看重实践与经验，所以没有客户就无法晋级学习高阶课程。

这样的课程设置很有意思，但是对我而言却是一个大难题。毕竟我还没有获得资格认证，还是一个不能熟练运用英文的外国人，愿意付钱请我做教练的客户都能称得上"奇葩"了，更何况还要有五个！

因此，当我得知这个条件以后，最初的反应就是"我办不到"。

可我都已经为高阶课程借到了学费，到这个程度也不能退学了，只好硬着头皮去拼命找客户，好不容易凭自己的能力找到了一位，但其余四名却没有任何进展。

距离申请高阶课程的截止日期已经没剩几天了，我心里非常着急,当时我正在上一个研讨课,只能下定决心采取最后一个办法。在研讨课结束后,我对着一起上课的同学发表了平生第一次,也是唯一一次拜托演讲。

"我想申请教练的高阶课程,为此必须在剩下的几天内找到四名正式客户,如果各位同学自己或者朋友正准备聘请教练的话,请大家帮忙推荐一下!"

我讲完以后,现场并没有什么特别的反馈,到了第二天正在犹豫是否要放弃时,我接到了同班女同学打来的电话。

她开口就说:"恭喜你啊!"我当时有些纳闷,一筹莫展的我哪有什么值得恭喜的事呢,于是诧异地问:"恭喜是什么意思啊?"她回答说:"我帮你找到了客户,你可以申请高阶课程了!"原来,她热心地向朋友熟人推荐我,在一天时间里就帮我找齐了四位客户。当时,她就是我眼中的"神"。

就这样,我终于如愿以偿地申请了教练的高阶课程,同时也感到是命运让自己走上了这条道路。

在我留学的研究生院,有一位霍华德·斯科特教授,他是我非常尊敬的师长之一。他曾对我说:"当你鼓起勇气朝着某个方向踏出第一步,如果发现一路上仿佛有令人难以置信的好运推动着你前进,这就表示上帝在回应你,提示你所走的路是正确的。"

斯科特教授的这番话令我瞬间顿悟,恰如其分地精准地表达出我通过实践所收获的感受。

虽然我试着顺应"纯粹意愿"先行动起来,但心里难免会有不安,不知道自己的想法和行为是否正确。随着好运不断降临,我开始相信这是"神"在回应我的选择和行动。当然我们也要客观分析一下"神"的回应,只要我们的行为符合客观规律,并且为此付出了最大的努力,那么突然出现的外部助力其实也是我们努力的成果,只不过惊喜的感觉比较大,让我们觉得"有如神助"。

创造有意义的工作的四个步骤

本书行文至此将进入总结归纳。

我希望读者通过本书找到属于自己的"有意义的工作",建议大家首先要摆脱物质时代束缚我们的工作观,树立适应心灵时代的全新工作观。

一共有四个工作观需要转变,我称之为"四副眼镜",如表 4-1 所示。

创造有意义的工作

表4-1 创造有意义的工作的"四副眼镜"

序号	物质时代	心灵时代
1	谋生的手段	探求和表达自己的生命意义
2	做不想做之事	做想做之事
3	让自己适应既有的职业	创造适合自己的工作
4	同一时间只能做一份工作	可以同时做多份工作

为了戴着心灵时代的"四副眼镜"创造有意义的工作，需遵循以下四个步骤。

第一步，要倾听自己内心的声音，觉察自我的"纯粹意愿"；第二步，用语言将"纯粹意愿"表达出来，与他人认真分享；第三步，需要捕捉与人分享时所产生的心灵共鸣，并积极加以利用；第四步，以共鸣为指南，开始具体行动。

创造有意义的工作的四个步骤

步骤一：觉察纯愿
步骤二：广而告之
步骤三：留意回响
步骤四：循声而行

实践"敞开哲学",是一条通往"有意义的工作"的道路

我也将上述四个步骤称为"敞开哲学",原因是每完成一步都必须要敞开"自我的一部分"。

步骤一需要敞开"耳朵",倾听来自内心深处的声音;步骤二需要张开"嘴巴",对他人坦承自己内心的真实想法;步骤三需要睁开"眼睛",仔细看清周围世界对你的真实想法有何反应;步骤四需要迈开"双脚",做到不畏结果,勇敢行动。

更为重要的是,通过这四个步骤敞开自己的内心。觉察"纯粹意愿"需要直面自我、敞开心扉;向他人坦承自己的"纯粹意愿",必须对他人敞开心扉;捕捉共鸣,搜集回应信息必须要对整个世界敞开心扉;以共鸣为指南开始行动后,必须要勇于接纳行动的结果,也就是对未来敞开心扉。

在本书中,我多次提到了"神"或者"上天",我并没有特定的宗教信仰,而我之所以刻意使用这些词汇,是因为我觉得只有认同超越人类智慧的自然规律,我们的心灵才会真正敞开。

我将其称之为"敞开哲学",因为它是一种思想,而不是

创造有意义的工作

以立论证明真理为基础的科学。

所以,如果要理解并掌握这一思想,必须加以实践修行。我自身在实践中还有一些不足之处,所以并不知道这种思想中是否还有隐藏的内容。不过我可以自信地说,通过日常生活中的用心实践,这一思想已经体现在我自己的有意义的工作之中。

有意义的工作在不断进化

我想,不必我在此赘言,各位读者也可以明白上述四个步骤并非经历一次就可以找到有意义的工作,一定要反复循环才能得到想要的答案。

从发现"纯粹意愿"开始,依循四个步骤向前推进,最终也采取了行动,获得了结果,也就是收到了"神"的反馈,此时应再次回到第一步,重新倾听内心的声音,察觉自己对于"纯粹意愿"的更新的认知和发现。如果你能够敞开心扉,一丝不苟地反复循环这四个步骤,那么终有一天你会突然发现自己已经前进了很远。

但是需要提前声明一点,我们永远也不可能宣称自己

第四章 共鸣行动——创造有意义的工作，从何做起？

"已经创造了有意义的工作"。

看到这句话时，恐怕有人会想：什么？那说了这么多，难道我们所做的都是无用功吗？别担心，我想表达的意思与各位所想的不一样。

"创造"是一个过程，而不是一个结果，所以创造活动持续向前，没有终点。因此，关键不是能否创造有意义的工作，而是"目前是否正在创造有意义的工作"。"正在创造有意义的工作"就意味着你戴着心灵时代的四副眼镜，依循四个步骤，在日常生活中不断重复实践。

即便你自认为目前已经在做有意义的工作，也并不代表创造有意义的工作的进程结束了。"纯粹意愿"会随着环境的变化而变化，我们的生命意义也会随之进化。有意义的工作是对生命意义的表达，自然也会与时俱进。

当各位读者止步于有形的工作或职业时，也就意味着你停止了创造有意义的工作的过程。当然，如果你意识到这个束缚，重新选择开始，重新戴上"四副眼镜"和实践四个步骤，那么创造有意义的工作之路就又会重启。

总之，我认为有意义的工作绝非静态之物，它是时时进化的动态存在，也可以说，它是动词而非名词。就算你目前

创造有意义的工作

还没有找到有意义的工作,也无需担忧,只要戴上"四副眼镜",实践四个步骤,逐渐就能加深对自我"纯粹意愿"和生命意义的领悟,就能够走上创造之路。

创造有意义的工作并非遥不可及,决定权在大家手中,只要你愿意,今时今日就可以开启创造之旅。

那么,你准备好了吗?开始真正的探寻之旅。

第四章 共鸣行动——创造有意义的工作,从何做起?

第四章小结

▶ 目前的现实,曾经都是过往的理想。因此,不要埋葬今天拥有的理想,构筑未来现实所需要的正是这些理想。

▶ 向实现梦想和理想前进时,脑海中一定会浮现出一些不同的否定信息,可以将这些主观担忧看作客观的"恶魔的窃窃私语",就能拉开内心与恐惧的距离。

▶ 抵抗"恶魔的窃窃私语",最有效的方法是尽量与别人分享自己的"纯粹意愿"。

▶ 吐露自己的"纯粹意愿"会引发共鸣,随后又如同产生了磁力一般,吸引着各种有推动作用的信息和创意。

▶ 付诸行动时不能毫无章法,凭借共鸣搜集到的信息可作为指南,先从能做的事入手。

▶ 还有一个办法能打败"恶魔的窃窃私语",那就是找到同样想创造有意义的工作的伙伴。

▶ 付诸行动,就等于开始兑现自己为"纯粹意愿"许下的承诺,好运也会随之而来,祝我们一臂之力。

创造有意义的工作

- ▶ 先从自己能做的事开始，摆脱想要控制结果的想法。
- ▶ 创造有意义的工作需要四个步骤：觉察纯粹意愿、广而告之、留意回响、循声而行，反复实践这四个步骤，有意义的工作就会随之进化。
- ▶ 创造有意义的工作并非遥不可及，此时此刻即可开始。

第四章 共鸣行动——创造有意义的工作,从何做起?

"生命治疗师"志村季世惠女士

——创造有意义的工作故事四

志村季世惠女士今年 52 岁了,是黑暗对话体验馆的理事。这个体验馆非常独特,他们让正常人在视障人士的引导下,在完全没有光亮的空间里体验,如何才能只依靠听觉、嗅觉、味觉及触觉来生活。与此同时,志村女士作为生命治疗师,为患有产前或产后抑郁症的女性提供咨询服务,也为晚期癌症患者提供临终关怀服务。

志村女士原来体弱多病,一直到高中毕业时,她都过着家、学校和医院三点一线的生活。上初一时,她曾经住院,很多次她都发现明明已经过了探视时间,却还有很多人面色凝重地坐在病房前的长凳上。

后来志村女士才知道,原来这些人的孩子罹患重病,生命垂危。而医院唯恐关心则乱的父母妨碍治疗,因此不允许亲人进入室内,只能坐在长凳上等待。

有些时候,当他们终于获许进入病房时,可能患病的孩

◇ 创造有意义的工作

子已不幸离世,父母就只能抱着遗体痛哭。志村女士非常质疑这种不允许双亲在孩子临终前陪伴的现代医疗方式,同时也开始慢慢思考一个问题——到底谁才是生命的主人。

志村女士读高中时经常要去一家医院,这家医院的放射科医生是她父亲的朋友。受这位医生所托,她开始在医院里担任志愿者,但也再一次亲眼见识到现代医疗技术扭曲和冰冷的一面。

当时,医生们在研究一位罹患脑癌的两岁儿童的病情,探讨其是否应接受放射治疗。接受放疗只能延长寿命,却会产生丧失听力与视力的副作用,所以放射科医生不赞成对这名儿童实施放疗,但小儿科医生却想延续孩子的生命。

最终,这个孩子还是接受了放疗,而失去视力及听力的副作用也相继出现了。志村女士想:这个孩子的生命是自己的,却不能由自己决定如何治疗。延长人的生命与重视生命质量,究竟应该怎样选择才好?

在20岁的时候,志村女士就结婚了,也第一次遭遇了生命的考验。婚后不久,她的大儿子就出生了,没想到出生后仅仅两周就罹患哮喘。因为生病,孩子不能喝母乳,当时护士不负责任地说:"妈妈太年轻了,所以孩子才会生病。"这

第四章 共鸣行动——创造有意义的工作,从何做起?

番话让志村女士整日自责:都怪我不够小心,害得孩子受苦。

在大儿子两岁时发生了一件事,让志村女士对医疗又有了新的看法。当时孩子躺在医院的病床上输液,突然就笑了起来,看着针管里滴落的药液,孩子开心地说:"真像雨点儿啊!"可在此之前,他明明是非常难受的。

如果只是消极地看待生病这件事,也许会错过孩子展露的明快心灵。因为儿子的笑容,志村女士开始考虑一个问题——不能悲伤度日,我要做点什么。

志村女士在学生时代就对心理学就十分感兴趣,她首先从美国订购了一些图书,通过阅读开始自学治疗学。为了掌握身体构造,她参加职业学校的学习,并取得了整骨治疗师的资格。同时幸运的是,大儿子的病情也随着年龄增长而逐渐好转,不再需要经常去医院。

但是志村女士并没有觉得自己孩子的病好了,治病助人这件事就与自己没关系了,她反而进行了更深刻的思考——大儿子住院期间,我看到太多孩子因生病而痛苦,也看到太多跟我一样的母亲强忍悲伤,眼含泪水。我一想到这些,就觉得自己作为治疗师应该去帮助他们。

28 岁那年,志村女士与曾是药剂师的第一任丈夫成立了

◆ 创造有意义的工作

名为"疗愈森林"的治疗关怀中心兼中医馆。他们不仅为患有产前、产后抑郁症的女性以及癌症晚期患者施用自己研发的治疗方法，也会根据每个人的病情辅之以按摩、中草药等方式进行治疗。

她回忆说："出生与死亡是人生的两大重要时刻，我想与患者一起思考这个问题，这也是我从小就开始关心的生命疑问。"

通过这些行动，志村逐渐找到了如何才能支持生命这一问题的答案。很多癌症的重症患者都会认为"我的病好不了，没救了"，而且现代医疗体系下的一些医院在知道某个病人不能治愈时，往往就会放任不管，不再细心救护了。

志村女士说："不管病能否治好，你终究还是你，这是不会改变的。"基于这个信念，即便知道病人无法治愈，她也会用心陪伴病人。有了志村女士的陪伴以后，确实有一些病人重新找回了自我，病情也随之大为好转。那些病情没能好转的人，也因为这种陪伴加深了与亲朋好友之间的感情，怀抱着感恩的心走向了另一个世界。

面临死亡的人往往都有一些共同的想法——以前，我要是能不与他人攀比，不厌恶他人，更加喜欢和信赖他人，做

第四章 共鸣行动——创造有意义的工作，从何做起？

到相互帮助就好了。志村女士听过太多人有类似的临终感言，于是她想：这么重要的道理，不应该到临终之前才明白啊，能不能让大家在身体健康时就懂得这些道理呢？这个想法促使她的行动重心，从关怀治疗转移到黑暗对话体验馆。

志村女士了解到黑暗对话体验馆这个项目，还是通过现任丈夫，当时他还是"疗愈森林"的一位患者，正是他给志村女士看了一篇日经新闻的报道。报道中介绍的黑暗对话体验馆由德国人安德里亚斯·海因内肯博士（Dr. Andreas Heineken）于1998年创立，其宗旨是令人置身于黑暗之中，去察觉人生中最为重要的事。由海因内肯博士首创的这个独特方法，现在已经在全球普及。

后来，志村女士的现任丈夫也想在日本设立体验馆，于是找到志村帮忙，她就抱着帮忙的念头参与了一部分筹备工作。

首次参加黑暗对话活动的人，基本上都是哭着走出体验馆的，志村女士经常听到人们说："人真是一个温暖的群体，可以相互扶持，实在是太美好了。"以前，这些道理需要三四次心理咨询或治疗才能明白，通过黑暗对话这种形式，大家在短短90分钟之内就领悟了，而且还是在身体康健的状态下——这一发现让志村女士十分震惊。

● 创造有意义的工作

此外，那些平常因"双目失明"而自卑的视障患者也借助这项工作重新找到了自我，志村女士看到他们开心工作的样子，内心深受感动。

志村女士原本想在黑暗对话体验馆的经营步入正轨后，回归关怀治疗中心的工作，结果体验馆的工作让她越做越着迷。另一方面，不同于其他国家，日本的视障人士群体得不到政府扶持和民间捐赠，为了保障一些视障人士的就业需求，志村女士决定用长期体验馆来代替原来的临时活动和流动展览等形式，这也让她不得不投入更多的精力。

不幸的是，志村女士的第一任丈夫此时因意外身亡，"疗愈森林"治疗关怀中心被迫关门，她陷入了"退路全无"的境况。尽管遭遇了人生打击，但是在陪伴癌症晚期病人过程中领悟的信念——希望每个人在身体健康时就能够与他人建立信赖关系，体悟到彼此扶持的重要与美好——支撑着她走出了人生低谷。

黑暗中的对话，让看不见的人创造出了看得见的价值。尽管前路仍有很多艰难险阻，但是为了能让更多的人回归"本我"，在位于青山的体验馆中，志村女士一如既往地努力工作着。

后　记

其实，我起笔创作本书的时间，距今已有15年之久了。当时，我每月举办一次"创造有意义的工作"工作坊，并为想继续学习的学员提供教练辅导，认真细致地经营着这份人生事业。

在这本书还没创作完成时，我突然接到一个约稿函，请我撰写一本与教练技术有关的书。1999年夏天，我创作的《让下属成长的教练术》一书顺利出版。

那本书的畅销有些出人意料，同时也让我的日常工作量陡增，仅凭我一人之力已经难以应对。于是在2000年，我成立了CTI日本公司，正式开始了提供教练辅导的事业。毕竟是新手开办公司，我们跌跌撞撞，蹒跚而行，只好暂时搁置了工作坊的活动和本书的创作。

此后诸事繁杂，一言难尽。2004年，我离开CTI日本

创造有意义的工作

公司管理层，再次迎来完成本书的契机，谁曾想到我又为了学习"可持续生活"而移居英国，不得不暂时打消了出版此书的念头。

俗语说"好事多磨"，这本书一波三折，最终付梓。

得益于此中波折，我却比刚创作时更为确信书中所述内容。即便工作坊暂停，我也延续着创造有意义的工作的故事——通过创办经营CTI日本公司，使教练技术在日本广为普及，还把移居英国期间获知的两大世界级市民运动"转型城镇（Transition Town）"与"改变梦想（Change the Dream）"引入日本。时至今日，我依然走在不断进化的人生道路上，持续创造着有意义的工作。

2012年，我整合了以往举办过的所有活动，以极具个性的形式成立了"好生活研究所"，与此同时决定重新开办并升级搁置已久的"创造有意义的工作"工作坊。

参加工作坊的学员大多数都被物质时代的工作观束缚着，为自我与工作的关系而苦恼不已。不，时移世易，如今已进入心灵时代，我感到他们的苦恼更胜一筹。

于是，我决心完成15年前就下笔创作的书稿，把创造有意义的工作的故事与更多人分享。堪称奇遇的是，我出版

后 记

《让下属成长的教练术》一书时曾得到坂田博史先生的鼎力相助,这次又有幸邀请已是自由编辑的坂田先生做本书的编辑。另外,承蒙坂田先生的友人、日本能率协会管理中心的根本浩美先生对本书观点的认同和帮助,这本书才得以跨越15年最终正式出版。对于这两位先生的感谢无以言表。

此外,如果没有家人在背后的支持,没有友人的关心,没有参加工作坊的学员和参与采访的各位同仁的协助,本书也不可能问世。因为,我谨借此后记,一并表达内心深处的诚挚谢意!

榎本英刚

2014 年 12 月

认证导师感言

白金铭

高科技外企亚太区人力资源总监

我在知名外企从事管理工作二十余年,当我自己面临被裁员时,感受到深深的迷茫和恐惧。榎本英刚老师的工作坊和这本书就像精准的GPS,同时又像一个强有力的锚,帮我静心看待当下,也帮我朝着人生方向重新启航。

陈坤

关系教练、培训师、美好生活实践者

《创造有意义的工作》让我们重新定义工作,在换"眼镜"的过程中连接新的世界,创造属于自己的独一无二的天职。把时间花在自己爱做的事情上,谋生并实现生命意义的最大化!

陈莹

生命教练、内在工作者

如果生命有意义,那么生命经历的痛苦也有意义。生命里的快乐与痛苦,正如一枚硬币的两面,都在讲述关于生命意义的故事。榎本英刚老师用这本书创造了一个真实、勇敢、滋养与转化的空间,陪伴我们如实看到并活出这份意义。

池净

世界500强公司市场部总经理、高管教练、团队教练、战略咨询师、正面管教认证讲师

《创造有意义的工作》赋能我在工作中找到激情和热爱,用工作诠释自己的生命意义,在工作中修行自己、成就他人。工作还是一如既往的忙碌和高压,但是随着心态的转变,让我能够快乐的工作,并把这种快乐带给身边的人。

戴邈

知名跨国公司人力资源高级经理、共创式教练

榎本英刚老师在书中说过这样一句话:问题也许就是

◆ 创造有意义的工作

"上天"赐予你的礼物,为了让你找到真正的工作。三年前的职场滑铁卢,让我结识了榎本老师和 CMW 工作坊。在他们的帮助下,我一扫阴霾、重整旗鼓。在他们的影响下,我开始感谢那段特殊的经历,因为没有它,我不会获得突破性自我成长,也不会在凌晨三四点依然奋笔疾书,调动全部能量去翻译榎本老师的书稿并促成其出版。我希望此生能"用生命影响生命",帮助更多和我有类似经历的人看到可能,脱离困境,赢获希望。

丁雅敏

外企中国区人才与组织发展经理、生命教练、MBTI 认证施测师、引导师

感恩当年在我职业生涯最迷茫的时候遇到了榎本英刚老师的"创造有意义的工作"工作坊和这本书,让我意识到真正让自己痛苦的不是工作本身,而是我如何看待工作,即我戴着什么样的"眼镜"。本书中提到的看待工作的四副新"眼镜"不仅赋予了我能量和勇气,重燃对工作的热情,同时也使我对这个世界增加了信任,减少了恐惧。人生就是一场修行,创造有意义的工作就是一场自我修炼之旅,欢迎同行。

丁志勇

学习咨询顾问、创业者

已过不惑之年的我，却忽然对工作和生活产生了很多困惑，正当我百思不得其解时，遇到了榎本英刚老师和他的书。在本书中，他从时代变迁对人的工作与生命意义的影响入手，用浅显的比喻和论述，揭示了创造工作和人生意义的大道理，以及现实可行的路径。生活在这个物质和精神都在经历巨变的时代，我们都需要探索内心当中对工作、对生活的锚定点，那就让榎本老师带着我们一起开启探索之旅吧！

黄滢

跨国药企采购总监、生命教练、培训师、外部创新负责人

工作是什么？生命意义是什么？你和工作之间的关系是什么？对于习惯性认为工作就是赚钱养家、升职加薪的人来说，这些问题都是晦涩的。《创造有意义的工作》一书和体验式CMW工作坊给读者和学员带来智慧和方法，让我们通透地活出自己的精彩。

○ 创造有意义的工作

孔兆祥

敏捷咨询顾问、敏捷教练

你可能已经不记得从什么时候开始产生了对工作意义的拷问，由于无法找到答案，所以只能把它放下甚至忘却，但其实它一直都对你产生着影响。有时候你完全没有意识到这种影响，当你开始意识到并且想去寻找一种方法来解答的时候，《创造有意义的工作》是你的不二之选。

马佳勋

GTD 践行者、华德福教育探索者、整合心理学探索者、软技能培训师、共创式教练

在 TTT（国际培训师标准课程）毕业后的日子里，我时常会想起课程中那些美好的片段，也时常思考这门课究竟在如何影响我现在的生活，每次都会让我惊讶于它的力量——几乎我现在探索的每件事情都是从 CMW 工作坊这条线上激发出来的，几年前投下的那粒石子，一直在不断地向外散发着涟漪！因此，对这门课和榎本英刚老师，我只有无尽的感激，真心希望更多的人能从中受益。

李丹

管理咨询顾问、生活空间设计师、阿卡西疗愈顾问

《创造有意义的工作》是一门重塑人生状态的课程。在创造中，我们找到自己、看到内心；对于工作，我们重新定义，从心出发。在生命流动的长河中，寻找并演绎属于自己的独一无二的节奏与音符。一切过往，皆为序章，用生命的热情，描绘属于我、你、他的独特篇章。

李佳

视觉思维教练、内向者天赋优势挖掘师

工作究竟意味着什么？以前我一直以为自己是人群中的另类，似乎总在思考这个问题。这本书不仅凝结了榎本英刚老师多年来对于这个问题的思索，还给出了可以帮助他人找到自己答案的线索。真的很庆幸，可以在探索有意义的工作的路上，有这样一本书和一位谦逊智慧的前辈来指引。

创造有意义的工作

李娜

外企亚太区销售与营销人才能力发展总监、共创式教练、内在小孩疗愈师

我们每一个人来到这个世界上,都有自己独特的生命意义。我从2015年学习教练课程时,就开始了向内探索自己生命意义的旅程,但是在"如何真正活出生命意义"的路上始终感觉无法落地。直到我遇见榎本英刚老师,这些思路才逐渐清晰化,我开始有意识、有觉察地探索工作组合。推荐大家阅读这本书,开启自己的内在探索和向外表达,做自己真正热爱的事情,活出自己的丰盈人生。

李文颖

CMW 导师、职业教练、幸福教练

我的前半生一直在寻找最适合自己的理想工作,也有幸体验了工作的 N 种方式,但发现世间似乎并没有"完美"的工作。终于,有机会接触了"创造有意义的工作"工作坊和榎本英刚老师,我发现最适合自己的理想工作是需要自己创造的。很幸运,我已经走在创造的路上,并致力于帮助更多

人找到他们的有意义的工作。生命只有一次，不要辜负了它，来创造你独有的幸福工作，让生命绽放吧！

刘敏

教练摄影师

大家听说过"教练摄影师"吗？如果不知道这是什么职业，那就对了，因为这是我创造出来的属于自己的有意义的工作！如果你也想拥有"独家定制"的工作和"独家定制"的人生，一定要看这本书。

刘颖

领导力教练、培训师

这本书由榎本英刚老师数十年的探索和生命体悟凝结而成。印象最深的是创造有意义的工作不仅要在心里想，还要勇敢地行动，大大方方地告知天下，到时你所需要的伙伴、支持与帮助，都会自然而然来到你的面前，与你逐梦同行！

创造有意义的工作

隋海静

生命教练、积极希望践行者

工作的意义始于生命意义,而生命意义往往听起来宏大又遥远,让人望而却步。榎本英刚老师用自己的生命体验总结出探索和发现生命意义的道路,也分享了他对工作真义的理解和创造有意义工作的方法。每每读来,都有新的感动和收获。生命只有一次,跟意义连接,创造有意义的工作,不枉此生!

汪慧

组织系统进化咨询顾问、鲜活生命共创者、慧语瞳咨询创始人

社会意识的进化,正推动组织不断打破旧范式的限制,向有机、整体、系统、包容的新范式逐步进化。组织内外的个体如何进行意识升级,如何透过工作探索生命意义并忠实地表达出来呢?打开本书,跟随榎本英刚老师的脚步,一起来创造吧!

王小燕

个人成长教练、生命教练、日式花道培训师、香森花道馆创始人

正是通过深刻地反思和探索，我拥有了辞去百强企业高管职务的自信和勇气，告别优厚的待遇，开始创造属于自己的工作，在累并快乐的路上，每一天都带着从未有过的澎湃激情体验生命的馈赠。我的生命意义是发现美、创造美、传播美，用美去点亮生命的绽放。榎本英刚老师的书真实、自然，尤其是每一个创造有意义的工作的故事，会给我们很多启发和激励。

韦婷

进化型组织践行者、创业者

"创造有意义的工作"工作坊让我跳出了小我，尝试更多的可能性，继续戴着一副期待未来的"眼镜"，同时加上了一副新"眼镜"——从实际行动中收获成长。心在路上，双脚更有力量。

创造有意义的工作

魏星

共创式教练导师、PCC 关系教练、领导力及团队教练、心理咨询师、家庭治疗师

每个人都渴望生命意义,这是生命本来的意图,而我们的工作就是探索和表达生命意义的旅程。在这条路上,你无需孤独的行走,你将在书中遇到榎本英刚老师,他会像灯塔一样引你前行。

吴沉吟

前战略咨询顾问、企业人力资源管理者

在榎本英刚老师的工作坊上,他问过一个问题:工作对你意味着什么?当时的我脱口而出——打"怪兽",一个接一个地打,打得越快越好,但是不知道"怪兽"从何而来,不知道为什么要打这些"怪兽"。有幸跟随老师探索有意义的工作,终于找到了自己的生命意义。跟随心中真意,离开了已经工作十几年的战略咨询行业,用"人与人的链接""成长""表达"和"乐趣"这些关键词创造出了属于我的工作组合。凡心所向,素履以往。

吴姗

生命关系教练、疗心愈体定念体系研发和传播人、CMW 导师

从感染新冠肺炎到康复，从求职连连受挫到举办第一场 CMW 工作坊，曾经一度怀疑自己能力的我，再次见证了与生命意义相连接，可以让重新审视自我价值的过程变得无畏而纯粹。

徐莎莎

管理咨询公司亚太区培训发展总监、领导力教练

我在职场十字路口徘徊时，与榎本英刚老师的工作坊和这本书相遇，让我开始走上向内探求之路，亦伴我走过从管理咨询到内部培训发展及教练领域的转型。渐渐褪去那些曾让我荣耀舒适又害怕失去的光环，不再被外界的期待、应该所束缚，重新找回真实勇敢的自己，活出更加从容、自洽和绽放的状态。爱我所爱，行我所行。真力弥满，万象在旁。

● 创造有意义的工作

徐爽

律师、500强能源公司法务、冒险者

从半信半疑到放手一试,从"我能行吗"到"我也可以",这是一份对自己的允许,也是一场发现与释放自我的冒险之旅。愿我们都不枉此生。

岳玲

心理咨询师、生命教练

作为一位爱折腾的妈妈,难免会遇到"如何平衡工作与家庭的关系"这一世界性难题。当我无意而有幸地接触到CMW工作坊和榎本英刚老师之后,这一横亘在心里很久的问题竟然迎刃而解!这种每时每刻拥有"自我权威"的感觉,简直太奇妙了,如果你也想拥有这种体验,那么请打开这本书,进入《创造有意义的工作》这扇门吧。

曾菁

独立教练、培训师、微信公众号"品舸出品"制作人

无论是工作坊还是这本书,都像极了榎本英刚老师本人——低调，内在的能量稳定而强大。像是带我进入了一个大磁场，把我的内在世界深刻地梳理了一遍，明白了什么才是真正生命之河的泉眼，顺着一个个泉眼与自己的生命之河连接，这样才能真正地把自己活出来。

赵大亮

高管教练、领导力和团队教练、PCI 教练导师

意义，有时候就是一瞬间的转换，甚至可能连转换都谈不上，就是一个小小的腾挪，在那个小小的腾挪之后，人们就见到了或奔腾的绚烂，或通透的豁然。意义总藏于我们的人生故事之中，与归属也有很大的关联，有时就在爱与痛的边缘，有时更游走于超然的体验。我想其间总有一个共通，那就是来自心底的真实。我在跟随榎本英刚老师学习和带领 CMW 工作坊的过程中，真切地体验和见证过很多转化的瞬间，动人而焕然。意义是一个随着岁月流转而不断逼近的问题，我很想说，澎湃时刻常常转瞬即逝，唯有意义与深情，亘古常新。

○ 创造有意义的工作

张鹤桥
自由讲师、共创式教练

在我人生最迷茫和职业转型面临挑战的时期,我参加了"创造有意义的工作"工作坊,它的独特视角——工作就是探索和表达生命的意义——如醍醐灌顶一般让我弄清了自己与工作的关系,榎本英刚老师也就成为我的人生导师。从那以后,我不再焦虑和迷茫,在我心中似乎有一座灯塔始终在指引我,我知道自己应该去向哪里,而且我也相信自己一定会到达彼岸,与想要成为的自己相遇。创造有意义的工作,就是创造有意义的人生。

张静
领导力培训师、发展教练、围棋活动组织者

一路走来,我都是一个好孩子、好学生和好的职业经理人,似乎一切都符合标准,我自己的内心却有些疲惫。榎本英刚老师的《创造有意义的工作》帮我打开了一扇新的大门,学习过程中时有惊喜。在不断思索与尝试的过程中,我逐渐创造了属于自己的独一无二的工作组合,也放下了内心对不确定性的焦虑和担忧。

张喜梅

培训师、共创式教练、CMW 导师

特别喜欢"创造有意义的工作"的四个步骤：察觉纯愿、广而告之、留意回响、循声而行，这四步完美地支持我实现了中年职场转型，也重新定义了我的人生。

张乙江

大型券商分支机构高管、哈工大外聘专家、前人力资源总监、教练和非暴力沟通践行者

我参加这门课程的学习始于朋友的推荐，当时的自己正处于事业上升期之后的彷徨阶段，参加工作坊的感受就像是生命中忽然涌入了一股清泉，让你想要不断沉浸其中。积流成河、海纳百川既是"创造有意义的工作"的起点，也有不断体验的喜悦，更有收获和积累的满足，还是永远没有终点的再次出发。

● *创造有意义的工作*

周洁

自信心教练、团队教练、领导力培训师

当年，在我面对从零开始改变后半生职场轨道而犹豫不决时，遇到了榎本英刚老师的"创造有意义的工作"工作坊。它让我看清了阻碍自己前进的心魔，找到了战胜心魔的力量，更重要的是榎本英刚老师本人的人生历程就是最好的榜样和力量源泉。现在我正心无旁骛地走在创造有意义工作的路上，希望更多的人能够从书中得到启发，找到自己的方向和力量。

周颖

身心整合的疗愈师、人生教练

工作占据了生命将近 2/3 的时间，如果我们的工作很痛苦，那生命质量该有多差。随着我们工作年限的延长，在工作中保持热情已经成为一个大难题。《创造有意义的工作》一书告诉人们如何在工作中保持热情，即把生命意义赋予工作之中。当我用全新的视角去看待工作，整个世界都充满了光芒。如果此刻的你也对工作产生懈怠并且对未来充满迷茫的话，读一读这本书，就能找到前行的方向。

朱慧敏

知名跨国公司全球业务负责人、女性激励联盟(WIN)中国区指导委员会主席

当我在榎本英刚老师的引领下找到自己的"纯粹意愿"和人生意义,并把工作定义为"探索和表达自己独特的生命意义"时,我的视野豁然开朗。创造有意义的工作,让你的人生有选择,赋能自己与他人,一起体验生命的鲜活!